LAS CLAVES DEL APRENDIZAJE MUSICAL

Redbook

Rafael García

LAS CLAVES DEL
APRENDIZAJE MUSICAL

© 2018, Rafael García Martínez

© 2018, Redbook Ediciones, s. l., Barcelona.

Diseño de cubierta: Regina Richling

Diseño interior: Toni Inglès

Fotografías interiores: Rafael García, Mario Marzo (p.40, p.110),
David Rodríguez (p.116), Beatriz Gimeno Sanz (p.134), Juan Hernández (p.143).

ISBN: 978-84-948799-7-5
Depósito legal: B-24.297-2018

Impreso por Sagrafic, Pasaje Carsi 6, 08025 Barcelona

Impreso en España - *Printed in Spain*

Dedicado a mi hermano Jesús.

ÍNDICE

Introducción 13

PRIMERA PARTE

1. Aprender a aprender...17
2. Pensamientos, emociones y acciones 29
3. La motivación y el compromiso 47

SEGUNDA PARTE

4. Organizar y planificar 69
   Fase previa 1
5. Disponer el cuerpo y la mente para hacer música......103
   Fase previa 2
6. La concentración y el control.......................................125
   Fase de realización 1
7. El cuidado de lo básico..153
   Fase de realización 2
8. Conseguir mejoras con buenos procedimientos..........173
   Fase de realización 3
9. Aprender de la experiencia...191
   Fase de reflexión

Bibliografía...213

PRIMERA PARTE

INTRODUCCIÓN

Mejorar es una cualidad con muchas connotaciones, la mayoría de ellas esperanzadoras. Nos despierta, ilusiona y posee algo ancestral y mágico relacionado con la evolución humana. Cuando me decidí a llevar a cabo este proyecto, sentí que de alguna manera estaba participando de esa ilusión colectiva que supone expandir los límites, alcanzar un poco más. Mejorar implica movimiento, esfuerzo bien canalizado y ganas. También en la música. Y lo que más me gusta del concepto es que después, cuando la mejora ha sucedido, se produce algo extraordinario: el sentimiento natural de satisfacción, que reaviva las ganas de hacer música.

Recuerdo cuando en el marco de los célebres Cursos Internacionales de Interpretación Musical de Benidorm, tuve la suerte de compartir experiencias con músicos de la talla del saxofonista Claude Delangle, el clarinetista Yehuda Gilad, el trombonista Branimir Slokar, el cellista Radu Aldulescu, el trompetista Éric Aubier, o el trompista Erich Penzel. Una de las características que más me llamó la atención de aquellas figuras, fue la inquietud compartida que mostraban. Me sorprendió que tratándose de unos profesionales consagrados a nivel internacional, mantuvieran activa la curiosidad por contemplar nuevas oportunidades de mejora. Durante los numerosos cursos en los que coincidimos, cada encuentro representaba una buena ocasión para compartir información, interesarse por la evolución de sus alumnos, descubrir novedades en esos días, preguntar sobre diferentes asuntos... Cada año que los volvía a encontrar, volvía a fascinarme esa actitud estimulante y contagiosa que invitaba a superarte.

El tiempo ha pasado y mi interés por investigar y conocer los mecanismos que conducen a una mayor calidad y disfrute de la actividad musical continúa. Los avances producidos en diversos ámbitos relacionados con el rendimiento del músico también son considerables (clínicas especializadas, práctica de técnicas corporales, intervenciones psicológicas...). Las aportaciones que llegan desde diversas fuentes contribuyen a que el ámbito de la interpretación musical salga de cierto oscurantismo, teñido de un misterioso halo artístico. Las investigaciones científicas también están llegando por fortuna a la música, lo que alberga grandes esperanzas de cara al futuro de nuestro gremio.

En este contexto se sitúa la presente obra. Mejorar en la música no se consigue solo a base de comparación con estándares imposibles de alcanzar. La neurociencia y la pscicología del aprendizaje, entre otras disciplinas, han descubierto que, a pesar de que la interpretación musical a un alto nivel supone una gran exigencia personal, no es necesaria la humillación para conseguir brillantez y genialidad. El aprendizaje de calidad implica tener presente cómo funciona realmente nuestro cerebro, nuestras emociones y nuestra conducta. El verdadero reto consiste en articular estos componentes sabiamente. Conseguir, en definitiva, que el propio estudiante de canto o de instrumento musical, sepa generar en sí mismo las sinergias interiores que le orienten con ilusión hacia un camino musical de mejora continua.

En la primera parte se presenta al protagonista del libro, la autorregulación del aprendizaje musical. En un aprendizaje tan dependiente del profesor, ganar en autonomía supone una gran ventaja y representa una realidad que tarde o temprano tiene que llegar. ¿Qué implica tomar tus propias decisiones musicales?¿Qué se necesita para desarrollar un criterio musical propio? ¿Cómo aprovechar tus experiencias para incrementar el rendimiento y la satisfacción? A través de diversos contenidos y experiencias de grandes profesionales, los primeros capítulos nos introducen en las ideas clave de lo que supone aprender a aprender.

La segunda parte del libro representa una invitación al autoconocimiento, la reflexión y la práctica. Al final de cada capítulo de esta segunda parte se presentan experiencias prácticas relacionadas con los contenidos. Los capítulos 4 y 5 se centran en aquello que podemos tener en cuenta antes de realizar la actividad musical, y que nos sitúa en un plano de ventaja cuando abrimos la tapa del piano o comenzamos a vocalizar. Los siguientes capítulos, del 6 al 8, pretenden incidir positivamente en la propia realización de la acción musical, abordando cuestiones como la concentración, el control sobre la ejecución o la revisión de la base técnica. En el último capítulo se muestra la importancia de revisar los resultados de las experiencias musicales y reflexionar sobre diversos asuntos relacionados con ellos.

La música llega de tal forma al corazón y al intelecto, que de forma inexplicable produce espirales de magia, regocijo y admiración. Acercarnos un poco más a suscitar en los demás tales experiencias mediante el canto o un instrumento musical, supone un verdadero privilegio. Espero que este libro te aporte información útil y te motive a descubrir nuevos caminos para conseguirlo.

Rafael García Martínez

1

APRENDER A APRENDER

El primer capítulo nos invita a despertar una actitud continuada de mejora. La clave consiste en desarrollar nuestra capacidad de autorregular mejor nuestro aprendizaje musical.

1. La mejora continua

"Para mejorar, tienes que superar tus propios límites."
Pablo Ferrández. Cellista.

Mejorar con tu instrumento o con la voz constituye una ocasión única para activar tus capacidades, afinar la puntería y mejorar no solo en la música, sino también en la vida. Es una cuestión de aprender a movilizar tu ingenio y voluntad, e intervenir con acierto en las áreas que requieren algún ajuste en tu prodigiosa maquinaria musical cuerpo-mente.

Si te paras a pensar un instante, mejorar en cualquier aspecto supone un reto. Significa pasar de un nivel de funcionamiento a otro mejor, de un nivel determinado de rendimiento a uno superior. Y conseguirlo supone estar dispuesto a exigirte un poco más para alcanzar el incremento que deseas, puesto que mejorar significa sobrepasar los límites actuales. Esto resulta necesario porque los sistemas suelen mantener una franja estable de funcionamiento que tiende a la rutina, a moverse siempre en los mismos parámetros. Es muy común sentirse estancado con un instrumento musical o en el canto, y a pesar del esfuerzo no ver los avances. Los mecanismos que usamos no dan más de sí y ello se traduce en una sensación de barco a la deriva en un inmenso mar sin viento.

La actitud de mejora por el contrario, representa una filosofía de vida que aporta dinamismo y nos mantiene despiertos. Plantear la mejora en el ámbito musical como un reto, como una ocasión estimulante de alcanzar nuevas conquistas, se convierte en un generador natural de energías y recursos intelectuales, emocionales y físicos. Además, cuando mejoramos en cualquier área nos sentimos mejor. Representa una sensación universal que experimentamos desde bebés y que nos acompaña durante todo el ciclo vital. Cuando en cierta ocasión le preguntaron al célebre violonchelista Pau Casals por qué seguía estudiando a los 90 años, el maestro respondió: "Estudio porque siento que estoy haciendo progresos", lo que nos aporta una interesante pista en cualquier etapa y faceta de nuestra vida.

La primera reflexión en nuestro recorrido, consiste por tanto en discernir qué es aquello que merece la pena mejorar para sentirnos más cerca de la música. ¿Qué quieres potenciar con tu instrumento musical o con el canto? ¿Qué carencias quieres suplir? ¿Qué aspectos concretos, hábitos, actitudes, creencias, procesos, mecanismos... quisieras que jugaran más a tu favor? En el capítulo 4 dispones de un listado ordenado por categorías con numerosas propuestas de mejora, pero a modo de avance, resulta estimulante saber que cada vez que te haces este tipo de preguntas, activas un sinfín de recursos en tu interior, y eso ya es beneficioso de por sí. Nuestra mente está diseñada para mejorar, pero a veces necesita que le demos un pequeño empujón para que se ponga en marcha.

Mejorar vs. todo o nada

"Cuando crecemos, progresamos, conseguimos una victoria y nos realizamos un poco más según nuestra propia naturaleza, sentimos alegría."
Frédéric Lenoir. Filósofo, sociólogo y escritor.

Un planteamiento aconsejable en relación con el aprendizaje musical consiste en dosificar las mejoras y cuidar cada paso que se emprende. Abarcar más de lo aconsejable por el contrario, complica las cosas y conduce a obtener peores resultados. Una actitud muy común en el ámbito de la interpretación musical consiste en exigirlo todo, en reclamar la perfección, antes de que ésta sea alcanzable. Da la impresión de que para sentirnos satisfechos con nosotros mismos, o para elogiar a un alumno si somos profesores, la obra entera tiene que estar intachable y al *tempo* definitivo, tan solo un par de semanas después de haber empezado con ella.

Sin embargo, para tu motivación musical, cada pequeño logro resulta tan importante como los grandes. Valorar los pequeños avances en el contexto de un adecuado planteamiento de trabajo, representa una actitud respetuosa contigo mismo, con el proceso de aprendizaje y con la música. Tal como dice la cita del escritor Frédéric Lenoir, cuando avanzamos según nuestra propia naturaleza sentimos alegría. ¿Calidad y excelencia? Sí, la máxima, pero construida de forma inteligente.

En el deporte y especialmente en el deporte de alto rendimiento, son muy cuidadosos a la hora de administrar la exigencia. Si a las dos semanas de iniciar la preparación para una competición que tendrá lugar dentro de cinco meses, se le exige a un atleta el nivel de rendimiento propio de la competición, lo único que se cosechan son lesiones y una inmensa frustración. No es posible alcanzar tanto en tan poco tiempo. En la música no solemos ser conscientes de nuestro error de planteamiento. Nos confunde el hecho de que la perfección en la ejecución es lo único que importa. Pasamos por alto que esa "perfección" no va a aparecer solo por exigirla, sino que es conveniente elaborarla de una forma integral, estratégica y cuidadosa, respetando las reglas y los plazos naturales que requiere cualquier buen proceso de aprendizaje.

IDEA OPERATIVA 1-1

Mejorar en la música supone una fuente natural de motivación y de desarrollo personal.

▸ Valora tus pequeños logros e impúlsate hacia adelante a partir de ellos.

▸ Aprende a gestionar y alinear tus recursos para ir más allá de donde te encuentras.

▸ Una vez adquirida una nueva destreza o dominado un pasaje, intégralo de forma estable mientras continúas aglutinando más y más mejoras.

2. Gestionar mejor nuestros recursos
Aprender a aprender

"Dominar la música es algo más que aprender habilidades técnicas.
Estudiar tiene que ver con la calidad y no con la cantidad.
Algunos días practico durante horas, mientras que otros estoy solo unos pocos
minutos."
Yo-Yo Ma. Cellista

¡Qué claras se ven las cosas cuando nos encontramos en medio de una buena clase, en una dinámica interacción en la que se alternan ejemplificaciones del profesor con nuestras intervenciones! Por momentos se nos contagia la maestría del modelo y parece que nuestro cuerpo se coordine de forma diferente. Incluso el sonido que producimos gana en calidad y riqueza. Nos sorprende lo fácil que parecen ciertas cosas. Las llamadas neuronas espejo están cumpliendo eficazmente su función y nos reportan una experiencia magistral[1]. De camino a casa nos sentimos con ganas de estudiar y de preparar con tesón la siguiente clase.

Sin embargo, pasados un par de días, la bici va perdiendo velocidad en una pendiente cada vez más pronunciada hacia arriba. No sabemos lo que hacer para reproducir aquellas sensaciones, para recobrar aquel sonido, para ver las cosas con aquella lucidez. El milagro se ha desvanecido y a medida que se aproxima la siguiente clase, la desazón que ello produce suele conducir al desorden y al caos.

Estudiar canto o un instrumento musical representa uno de los retos más desafiantes de autogestión personal. El tiempo que transcurre entre clase y clase se vive a menudo como una experiencia indefinida en el espacio, en el infinito universo de las dudas y la falta de rumbo. Da la impresión de que la única directriz de que dispone el alumno consiste en que tiene que estudiar más. Tanto los profesores, como las investigaciones que tienen que ver con el rendimiento en diversas disciplinas, coinciden en que las horas de trabajo son imprescindibles y que, quien

---

[1] Zatorre, Robert, L Chen, Joyce & Penhune, Virginia. (2007). When the brain plays music: Auditory-motor interactions in music perception and production. *Nature reviews. Neuroscience.* 8. 547-58.

algo quiere algo le cuesta[2]. Sin embargo, la respuesta a la pregunta de cómo mejorar y cómo gestionar nuestros recursos parecen no llegar de ningún lado. Las señales de auxilio que enviamos desde nuestra descarriada nave musical no suelen retornar con respuestas satisfactorias.

Gestionar mejor nuestros recursos

"Salí a la calle y vi a los músicos callejeros.
Observé dónde ponía sus manos. Ese fue mi primer profesor."
El violinista Stéphane Grappelli,
describiendo sus primeras "clases"[3].

Si entre una clase y otra ejercemos de detectives, psicólogos, entrenadores, filósofos y profesores de nosotros mismos, no solo conseguiremos avanzar de forma más satisfactoria, sino que nos sentiremos más protagonistas de nuestro recorrido por la música. La tarea principal de la que nos vamos a ocupar en este libro, reside por tanto en tomar las riendas de nuestro aprendizaje y trazar un plan de acción que estimule la capacidad de autorregularnos mejor. Un salto cualitativo que incluye hacernos con las claves que nos ayuden a aprender a aprender.

Como veremos más adelante, muchas de las restricciones técnicas y musicales al tocar un instrumento musical o cantar, son debidas a un funcionamiento inadecuado del que en última instancia, somos nosotros responsables:

- Desorganización personal que interfiere en la continuidad óptima del proceso de estudio.
- Postura y actitudes corporales que limitan la libertad y buena coordinación de los elementos de la ejecución que entran en juego.
- Mentalidad rígida e impaciente que dificulta la consolidación de aprendizajes clave.

---

[2] Ericsson, K.A., Krampe, R.T., y Tesch-Römer, C. (1993). The role of deliberate practice in the adcquisition of expert performance. *Psychological Review*, 100(3), 363–406.

[3] Malmer, P. (2010). *Stéphane Grappelli: A Life in Jazz*. Bobcat Books.

IDEA OPERATIVA 1-2

La AUTORREGULACIÓN consiste en gestionarnos de forma eficaz con el fin de lograr mejoras significativas en el camino hacia las metas musicales.

▶ Si eres consciente de que puedes incidir en la calidad de lo que piensas y de lo que haces, y lo llevas a cabo, dispones de un amplio margen de mejora.

▶ Cuando nos regulamos, guiamos nuestros pasos más por las directrices que nos damos a nosotros mismos, que por influencias de fuera.

En el esquema siguiente aparecen algunos de los componentes representativos de la autorregulación que nos van a acompañar a lo largo del libro. Aunque la autorregulación implica compromiso con aquello que nos gusta y pretendemos mejorar, no necesariamente supone dedicar más horas al estudio. Autogestionarnos mejor consiste más bien en encaramarnos a una cima, contemplar el territorio en su totalidad y divisar con entusiasmo el camino que más nos acerca a la música. Como dice Paul R. Pintrich, uno de los investigadores destacados en psicología educativa, la autorregulación es una cuestión de *will* and *skill*, de voluntad y de habilidad[4]. La voluntad de aprender y mejorar, y el empleo de herramientas efectivas que lo permitan. Aunque la cantidad desempeña su papel, las investigaciones muestran que la calidad en el estudio musical también resulta esencial para el progreso[5]. Si aprendes a gestionarte mejor, experimentarás que te resultará más fácil encontrar un equilibrio entre cantidad y calidad.

---

[4] Pintrich, P.R. y Schunk, D.H. (2006). *Motivación en contextos educativos*. Pearson.

[5] Williamon, A., y Valentine, E. (2000). Quantity and quality of musical practice as predictors of performance quality. *British Journal of Psychology*, 91(3), 353– 376.

3. La autorregulación: un plan en tres fases

"El cambio es el resultado final del verdadero aprendizaje."
Leo Buscaglia (1924-1998).
Profesor de Educación Especial y escritor.

Las propuestas que verás en este libro parten esencialmente de la adaptación al ámbito musical que he realizado del modelo de Autorregulación del Aprendizaje de Barry Zimmerman, investigador en la Universidad de la Ciudad de Nueva York y referencia significativa en el ámbito de la psicología de la educación, complementado con diversos planteamientos psicológicos y corporales, que han mostrado una probada eficacia en áreas del aprendizaje, la salud o el deporte[6]. En esta primera parte del libro conoceremos sus características esenciales y en la segunda parte las analizaremos y practicaremos en profundidad.

---

[6] Zimmerman, B.J., & Schunk, D.H. (Eds.). (2001). Selfregulated learning and academic achievement: Theoretical perspectives (2nd ed.). Mahwah, NJ: Erlbaum.

McPherson, Gary & Zimmerman, Barry. (2011). "Self-Regulation of Musical Learning: A social cognitive perspective on developing performance skills". *In MENC Handbook on research on Music Learning*, vol. 2: Applications,130-175. New York: Oxford University Press.

El modelo de Zimmerman, con el que nos disponemos a guiar nuestro proceso de mejora musical, está compuesto por tres fases o momentos cronológicos: antes, durante y después de realizar la actividad. Esta estructura temporal nos aporta un marco eficaz con el que incorporar e integrar los componentes esenciales de un buen proceso de aprendizaje.

Aquello que llevamos a cabo antes de la ejecución o del estudio se corresponde con la **fase previa** o de **planificación**, que abordaremos en los capítulos 4 y 5, y en la que se tienen en cuenta aspectos como:

- Qué objetivos son más convenientes: en función del tiempo disponible, necesidades, circunstancias, deseos...
- Los pasos a dar para conseguir esos objetivos: planificación, secuenciación, estrategias ...
- El momento de comenzar la actividad musical.
- El lugar donde se va a realizar la actividad.
- Qué circunstancias internas (disposición mental y corporal) y externas (presencia de distractores, estímulos ...) facilitan o dificultan la realización de la actividad musical.

La fase siguiente es la **fase de realización** propiamente, a la que le dicaremos los capítulos del 6 al 8. Aquí se dan los procesos de ejecución de la actividad musical en la que destacan:

- Supervisión de la calidad de la producción sonora.
- Consciencia de los medios corporales y mentales que se emplean.
- Mecanismos de control y ajuste dirigidos a mantener el rumbo hacia la consecución de los objetivos propuestos.

En la fase final, la **fase de reflexión** que se corresponde con el capítulo 9, los asuntos principales son:

- Evaluación objetiva de los resultados obtenidos.
- Análisis de la eficacia de los procedimientos empleados.
- Reacciones emocionales ante los resultados.

Carácter acumulativo y cíclico

Este plan de acción presenta un carácter acumulativo y cíclico que nos interesa enormemente. Cada fase influye en la siguiente, y después de la última fase comienza un nuevo ciclo. Si cuidamos lo que sucede antes de una sesión de estudio, facilitamos una mayor calidad en nuestro trabajo. Si analizamos cómo han sido nuestros resultados, podremos introducir mejoras para el nuevo ciclo que comience (planificación, objetivos más ajustados, cambio de estrategias).

Se trata de generar una retroalimentación continua, enriquecedora y cuya consecuencia natural es el progreso. Cada fase del plan nos aporta una guía y un poso de conocimiento que nos impulsa a avanzar. Cuando consideramos aquello que nos ha dado un buen resultado y lo que no, afinamos la puntería y nos encontramos en disposición de realizar los ajustes pertinentes mañana, cuando volvamos a sacar el instrumento de su estuche. El planteamiento cíclico también resulta muy ventajoso si lo aplicas al proceso que tiene lugar en la preparación de tus actuaciones. Si analizas con objetividad tu rendimiento y los recursos que has empleado para una audición o una prueba, te situarás con mayor probabilidad en el camino de mejora que deseas.

Esquema a partir del Modelo
de Autorregulación
del Aprendizaje
de B. Zimmerman.

FASE DE REALIZACIÓN

CONSCIENCIA
- Monitorización de la producción sonora y de los medios empleados.

AUTOCONTROL
- Control de la atención.
- Auto-instrucciones.
- Ajustes para mejorar la realización

FASE PREVIA

ANÁLISIS DE LA TAREA
- Establecimiento de metas.
- Planificación estratégica.

MOTIVACIÓN
-Autoeficacia
- Expectativas sobre los resultados
- Valor otorgado a las metas y objetivos

FASE DE REFLEXIÓN

AUTOEVALUACIÓN
- De los éxitos y fracasos

ATRIBUCIONES CAUSALES
- Explicación de las causas de los resultados

NIVEL DE SATISFACCIÓN
- Afectos positivos o negativos

Un interesante beneficio

Cada vez que organizamos nuestra actividad musical incorporando estas tres fases, ejercitamos implícitamente la capacidad de gestionarnos y desarrollar las llamadas funciones ejecutivas, que la neurociencia sitúa en los lóbulos frontales de nuestro cerebro. La propuesta de la autorregulación que vamos a trabajar a partir del capítulo 4, requiere autoconocimiento y refuerza una serie de circuitos neuronales, muy útiles tanto en la actividad musical, como en otras facetas personales.

Las habilidades ejecutivas nos permiten entre otras cosas:

- Establecer metas.
- Planificar acciones.
- Dirigir nuestra atención.
- Tomar decisiones.
- Inhibir los impulsos, comportamientos o acciones inadecuados.
- Ser flexibles mentalmente para cambiar de planteamientos o estrategias, si las circunstancias lo requieren.
- Autorregularnos al realizar tareas con el fin de llevarlas a cabo de forma eficaz.
- Reflexionar sobre nuestro rendimiento (metacognición).

Muchas de estas funciones rinden a menudo por debajo de sus posibilidades. Las actitudes pasivas en relación con el estudio, o el predominio de emociones intensas merman su aparición:

- Las prisas excesivas por obtener resultados.
- La obcecación porque salga un pasaje difícil solo a través de repeticiones.
- El miedo intenso al error o al fracaso por una actuación ...

En el capítulo 6 volveremos a estas importantes funciones del cerebro cuando hablemos de nuestra relación con la consecución de objetivos.

Tenemos un apasionante recorrido que realizar por nuestro modelo de autorregulación del aprendizaje. El tema central consiste en emprender mejoras en la actividad musical. La propuesta para conseguirlo incluye un planteamiento que abarque y optimice los tres grandes mo mentos: antes, durante, y con posterioridad a la actividad musical, entrelazando los protagonistas de nuestro siguiente capítulo: nuestros pensamientos, nuestras emociones y nuestras acciones.

RESUMEN DEL CAPÍTULO 1

- La actitud de mejora tiene que ver con el deseo continuado de incrementar la calidad en diversos aspectos de la actividad musical.
- La autorregulación representa un medio para alcanzar las metas musicales de forma más eficaz, e incluye una mejor gestión de pensamientos, emociones y acciones.
- Un plan eficaz de mejora tiene en cuenta y cuida lo que se realiza antes, durante y después de las actividades musicales.
- El planteamiento cíclico tiene en cuenta que cada fase influye en las siguientes en una retroalimentación constante.
- La autorregulación personal mediante el plan de tres fases contribuye a desarrollar las funciones ejecutivas de nuestra mente.

2

PENSAMIENTOS, EMOCIONES Y ACCIONES

En el presente capítulo, se abordan uno a uno los tres ejes principales que conforman la propuesta de mejora de la Autorregulación del Aprendizaje musical.

Tomar la iniciativa y la responsabilidad de nuestro aprendizaje musical incluye generar y desarrollar por nosotros mismos aquellos pensamientos, sentimientos y acciones que nos aporten mejores resultados. A continuación pasamos a analizar por separado estos tres componentes, pero con la intención de integrarlos en un todo operativo al servicio de la interpretación musical.

Los ejes sobre los que gira
la Autorregulación
del Aprendizaje Musical.

1. Nuestros pensamientos

"…si alguien sabe algo, entonces sabe que lo sabe,
y al mismo tiempo sabe que sabe que lo sabe."
Baruch Spinoza (1632–1677). Filósofo.

La propuesta de este primer componente consiste en concederle valor a cómo pensamos, a cómo conectamos con lo que sabemos y a identificar aquello que no sabemos. Tocar o cantar muy bien no consiste solo en mover los dedos con rapidez o disponer de una bonita voz. Cuando profundizamos en la interpretación musical es necesario incidir en tareas del pensamiento como:

• La comprensión profunda de las obras que se trabajan.
• Conceptualizar los elementos que intervienen en una buena ejecución.
• Resolver problemas técnicos, interpretativos y de cualquier índole relacionados con la actividad musical.
• Tomar decisiones en relación con múltiples aspectos (digitaciones, fraseo, articulación, estilo, cambio de profesor, presentarse o no a pruebas o audiciones …)

Si conoces y entrenas progresivamente tus habilidades cognitivas, dispones de un amplio margen de mejora. Al desarrollar automatismos de pensamiento relacionados con tus quehaceres musicales sentirás más libertad y podrás profundizar más en la música y la interpretación. Las habilidades del pensamiento te brindan la posibilidad de desplegar con mayor recorrido tu verdadero potencial. Robert Swartz, miembro emérito de la Universidad de Massachusetts, en Boston y Arthur Costa, profesor emérito de Educación en la Universidad Estatal de California, proponen el desarrollo de 16 hábitos de la mente, que según su experiencia contribuyen a desarrollar el pensamiento eficaz en contextos educativos y son los siguientes[7]:

---

[7] Swartz,R., Costa, A., Beyer, B., Reagan, R., y Kallick, B. (2015) *El aprendizaje basado en el pensamiento. Cómo desarrollar en los alumnos las competencias del siglo XXI.* SM Ediciones.

Swartz,R., Costa & Kallick, B (2008). *Learning and leading with habits in mind.* Asociation for Supervision and Curriculum Development. ASCD Alexandria, Virginia USA.

1. Persistir en una tarea que requiere pensar.
   - Permanecer focalizado.
2. Manejo de la impulsividad a la hora de pensar y actuar.
   - Tomarte tu tiempo, pensar antes de actuar.
   - Permanecer tranquilo y reflexivo.
3. Reflexionar de manera flexible.
   - Encontrar la manera de cambiar de perspectiva.
   - Generar alternativas.
4. Buscar la precisión y la exactitud.
   - Chequear constantemente.
   - Estimular el deseo de la buena realización.
5. Pensar de manera interdependiente.
   - Ser capaz de trabajar con otros.
   - Aprender de los demás en situaciones recíprocas.
6. Escuchar con comprensión y empatía.
   - Intentar entender a los otros.
   - Realizar una pausa en los propios pensamientos con
     el fin de percibir mejor los puntos de vista de los otros
     y sus emociones.
7. Comunicar con claridad y precisión.
   - Ser claro.
   - Evitar generalizaciones o distorsiones.
8. Responder con curiosidad e interés.
   - Dejarse intrigar por la belleza y por los fenómenos.
9. Crear, imaginar e innovar.
   - Buscar caminos diferentes.
   - Generar nuevas ideas.
   - Perseguir la fluidez y la originalidad.
10. Correr riesgos responsables a la hora de pensar.
    - Aventurarse.
    - Vivir al borde de las propias capacidades.
11. Encontrar el humor.
    - Buscar lo caprichoso, incongruente e inesperado.
12. Preguntar y plantear problemas.
    - Desarrollar una actitud interrogante.
    - Encontrar problemas que resolver.

13. Aplicar conocimientos adquiridos en el pasado a situaciones
    nuevas.
    - Utilizar lo que se ha aprendido.
    - Transferir el conocimiento previo más allá de la situación
      en la que fue adquirido.
14. Recoger datos utilizando todos los sentidos.
    - Incluyendo también el sentido cinestésico.
15. Mantener una postura abierta al aprendizaje continuo.
    - Aprender de las experiencias.
    - Resistirse a la complacencia
16. Pensar sobre el pensamiento (metacognición).
    - Conocer lo que realmente sabes.
    - Ser consciente de tus pensamientos, estrategias, emociones
      y acciones, y de cómo afectan a otros y a lo que haces.

Es innegable que la mayoría de estos hábitos del pensamiento son trans-
feribles a los quehaceres musicales. Aunque el listado pueda resultar
extenso, revisarlo y desarrollar alguno de los hábitos que consideres más
conveniente en tu caso, puede resultarte útil. El último de ellos, la metacognición, nos interesa especialmente en el contexto de la autorregulación del aprendizaje que nos ocupa, y como comprobarás a continuación, puede impulsar enormemente la calidad de tu actividad musical.

La metacognición

"Cuando estoy en pleno concierto soy consciente
de que no puedo ser consciente".
Josu de Solaun. Pianista.

La metacognición consiste en la capacidad que poseemos de ser conscientes de nuestros propios pensamientos. En darnos cuenta de lo que
sabemos, de lo que pensamos y de cómo utilizamos nuestra mente. Si
por ejemplo, estás estudiando y no estás concentrado, gracias a esta facultad, te haces consciente de ello y puedes ponerle remedio redireccio-
nando tu atención al pasaje que estás trabajando.

La metacognición también nos sirve para fijarnos objetivos de forma más acertada, planificar la forma de conseguirlos y evaluar los resultados. Gracias a ella tomamos consciencia y reflexionamos sobre la toma de decisiones o sobre la eficacia de los pasos que hemos dado para resolver un problema. En lugar de ser reactivos o impulsivos, analizamos y regulamos nuestros procesos de pensamiento con el fin de obtener mayores logros.

• Con la práctica es posible ejercitar la capacidad de observación de tu vida interior. Cuanto mayor es tu habilidad para comprender los mecanismos de tu mente, mejor la puedes utilizar.

• Si eres consciente por ejemplo, de que te cuesta memorizar una obra musical más que a otros músicos, tenderás a esforzarte por utilizar estrategias eficaces para compensarlo. Conocerte mejor a este nivel, contribuirá a que incrementes, tanto la calidad de tu aprendizaje, como de la realización de cualquier actividad.

• Si eres profesor, puedes desarrollar la metacognición de tus alumnos haciéndoles conscientes, por ejemplo, de cómo colocan su mano o su embocadura y emplazándoles al mismo tiempo a que ellos mismos realicen y sientan esas modificaciones. Cuando el alumno pone su atención en la sensación que experimenta cuando le corriges algo (liberar el pulgar, la muñeca o el brazo) y lo relaciona con el resultado sonoro que obtiene, activa procesos de pensamiento que le van a resultar muy útiles. El alumno descubre que a través de su consciencia y de su pensamiento, incide positivamente en la calidad de la ejecución.

La utilización de un organizador gráfico como "la escalera metacognitiva" puede ayudarte en la tarea interna de ser más consciente de tus pensamientos y de tus acciones[8]. Como puedes comprobar abajo, cada peldaño implica subir a un nivel más elaborado de pensamiento, lo que te permitirá aprender al máximo de tus experiencias musicales. En la Estrategia de Mejora 9.2 veremos una interesante forma de trabajar con ella.

---

[8] Swartz,R., Costa, A., Beyer, B., Reagan, R., y Kallick, B. (2015) *El aprendizaje basado en el pensamiento. Cómo desarrollar en los alumnos las competencias del siglo XXI*. SM Ediciones.

Organizador gráfico:
Escalera Metacognitiva

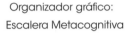

4. Planificar e introducir mejoras para la próxima vez.

3. Evaluar la eficacia de nuestra manera de pensar y actuar.

2. Describir y analizar cómo estamos llevando a cabo la tarea

1. Tomar consciencia de lo que estamos pensando o haciendo

La metacognición suele plantearse en dos grandes apartados complementarios: el conocimiento de nuestros pensamientos y la regulación de los mismos[9].

- El **conocimiento metacognitivo** incluye entre otras cosas, la consciencia de lo que sabes sobre ti mismo (habilidades, gustos, fortalezas y debilidades...) o sobre la tarea que realizas (su naturaleza, cómo llevarla a cabo, por qué...).
- La **regulación metacognitiva**, se encarga de regular los procesos de pensamiento y las acciones con el propósito de ser más efectivos a la hora de alcanzar nuestras metas. La regulación metacognitiva consta de tres apartados clave:

    - *La planificación:* antes de lanzarnos a trabajar un pasaje, por ejemplo, pensamos en lo que queremos conseguir, nos lo representamos mentalmente y anticipamos de qué manera lo vamos a trabajar.
    - *El control de la actividad en curso:* siguiendo con el ejemplo anterior, una vez nos encontramos trabajando el pasaje, supervisamos cómo lo estamos haciendo y comprobamos si estamos consiguiendo nuestros objetivos. Si fuera necesario realizamos los ajustes pertinentes (pasar más o menos arco, modificar el *tempo*, insistir en un fragmento más reducido...).

---

[9] García Martínez, R. (2014). Metacognición y aprendizaje musical: El valor de la reflexión. *Música y Educación. Vol. 27, 3 (octubre 2014). Núm. 99, Págs. 12-18.*

- *La evaluación:* es el momento de reflexionar sobre las acciones y pensamientos que hemos llevado a cabo y sacar provecho para las próximas ocasiones (cuánto hemos avanzado con el pasaje, los resultados que nos han dado las estrategias que hemos empleado, la conveniencia de los objetivos que nos hemos puesto...).

IDEA OPERATIVA 2-1

Ser conscientes de lo que sabemos y pensamos, nos sitúa en una mejor disposición para realizar las tareas musicales.

▶ Toma a menudo consciencia de cómo experimentas tu actividad musical.

▶ Conoce tus auténticos gustos o preferencias en relación con tu aprendizaje.

▶ Conecta con los recursos con los que ya dispones para alcanzar tus metas musicales.

Las personas expertas en cualquier disciplina presentan un elevado nivel de metacognición. Sue Hallam, profesora emérita del University College de Londres, tras investigar los procesos de pensamiento de músicos expertos y novatos, constató que los expertos activaban sus recursos metacognitivos en mayor medida[10]. Los músicos expertos destacaban por:

---

[10] Hallam, S. (1995a). Professional musicians' approaches to the learning and interpretation of music. *Psychology of Music*, 23 (2), 111–128.

Hallam, S. (1995b). Professional musicians' orientations to practice: Implications for teaching. *British Journal of Music Education*, 12(1), 3–19.

1. Reconocer la naturaleza y los requerimientos de una tarea particular.
2. Identificar dificultades concretas.
3. Tener conocimiento de un rango de estrategias para manejar estos problemas.
4. Saber qué estrategia es apropiada para tratar cada tarea.
5. Monitorizar el progreso hacia el objetivo y, si el progreso no es satisfactorio, reconocerlo y trazar estrategias alternativas.
6. Evaluar los resultados del aprendizaje en los contextos de interpretación.
7. En el caso de que fuera necesario, emprender acciones para mejorar la ejecución en el futuro.

Al pianista Josu de Solaun, concertista internacional y ganador de los concursos de piano "José Iturbi" y "George Enescu", le gusta reflexionar sobre los procesos de pensamiento relacionados con su preparación artística. De Solaun distingue aquí entre un enfoque de pensamiento más detallado y otro más global:

Al estudiar la actitud es analítica, de división en partes, y ahí la consciencia es muy importante. Cuando me voy acercando a la actuación, lo que voy ejercitando en el proceso de estudio es la integración de los elementos en un todo. Y ese todo, como decían los psicólogos de la Gestalt, es más que la suma de sus partes y tiene mucho que ver con suspender tu juicio. Al suspender momentáneamente tus facultades racionales, tu actitud cognoscitiva es distinta. Es más parecida a lo que el antropólogo Lévy- Bruhl llamaba "participación mística". Se tiene que producir una especie de olvido de ese proceso racional, con el fin de acceder a facultades mentales un poco más cercanas al trance, a una especie de concentración muy aguda. Al actuar soy consciente de que no puedo ser consciente. Antes de actuar y después sí, pero durante el concierto no soy consciente de nada.

Por el contrario, si uno intenta actuar en el estudio, se cae en el diletantismo. No se divide, no se refina, no se trabaja. Y si llegas al escenario con la actitud del estudio, el peligro es una especie de falta de personalidad o madurez artística. Es como si se continuara estudiando en el escenario, en lugar de interpretar. Estos son para mí los dos grandes peligros, y por eso trato de no caer en ninguno de ellos.

Josu de Solaun concede mucho valor a separar estos dos tipos de enfoque y a mantener la flexibilidad, con la finalidad de cambiar de uno a otro de forma natural:

En mi relación con el piano atiendo a esta distinción y trato de ejercitar el movimiento entre ambas. Igual que un pintor se acerca y se aleja de su obra, ejercito mucho la flexibilidad para poder hacer ese "progreso y regreso". Es una especie de actividad circular. Desarrollo una especie de habilidad o intuición y me baso en ella para saber si me estoy pasando demasiado tiempo con la vista muy cerca, o bien tengo que separarme. Y esto lo hago escuchándome, grabándome, tocando con otros músicos. La madurez de un artista se mide por la capacidad que tiene de navegar ese transcurso de la forma más dinámica posible.

El pianista Josu de Solaun.

IDEA OPERATIVA 2-2

Una mejor regulación de nuestros procesos de pensamiento nos vuelve más eficaces en la consecución de buenos resultados.

▶ Antes de realizar una tarea musical, clarifica qué es lo pretendes conseguir e idea un plan de acción.

▶ Monitoriza la calidad de tus acciones musicales cuando las estés realizando.

▶ Evalúa tanto los resultados que has obtenido, como la calidad del proceso.

2. Nuestras emociones

"Las emociones positivas amplían la cantidad de posibilidades que procesamos, aumentando nuestra capacidad de pensamiento, nuestra creatividad y abriéndonos la mente a nuevas ideas."
Shawn Achor. Investigador y psicólogo.

La música es una de las manifestaciones humanas que más intensa y rápidamente despierta las emociones. Las notas musicales poseen el poder de activar súbitamente recuerdos, asociaciones y pensamientos que aportan significado y ensalzan la experiencia tanto individual como colectiva. Es muy motivador saber que tú, como intérprete, dispones del enorme privilegio de suscitar en el oyente un rico mundo de emociones mediante tu propuesta musical. Sin embargo, tú mismo, no eres ajeno a tus propias experiencias y conflictos, a la dificultad que entraña en ocasiones, gestionar la frustración o el miedo relacionado con el estudio, con tus actuaciones o con tus resultados musicales.

Cuando nos topamos con un obstáculo que nos impide avanzar, la impaciencia o el enfado no tardan en aparecer, y además lo hacen en "modo Beethoven", es decir, "forte subito" y con obstinación. Cuando tenemos una preocupación en mente, nos volvemos más impulsivos. Nuestras emociones desbordadas rigen entonces nuestro funcionamiento, en lugar de hacerlo nuestras metas a largo plazo (realizar una buena preparación para una actuación importante dentro de unos meses, por ejemplo). Aprender a manejar mejor las emociones en estas situaciones, te aportará numerosos beneficios. En el capítulo 6 hablaremos precisamente de la pugna entre nuestra mente caliente (emocional) y nuestra mente fría (racional), y en la Estrategia de Mejora 8.1 cuentas con una propuesta práctica para rebajar un nivel emocional excesivo.

Ser inteligente emocionalmente

Tras la enorme repercusión que tuvo la divulgación del concepto de Inteligencia Emocional por parte del psicólogo Daniel Goleman, el interés por el mundo de las emociones ha ido en aumento. Uno de los planteamientos de referencia, el Modelo de Inteligencia Emocional de

Mayer y Salovey, incide en este tipo de inteligencia como una estructura de cuatro ramas, que se encuentran interrelacionadas y que pasamos a enumerar a continuación[11]:

- *Percepción de las emociones:* hace referencia a nuestra capacidad de sentir, identificar, evaluar y expresar las emociones.

- *Utilización de las emociones para facilitar el pensamiento:* las emociones nos permiten dirigir la atención a aquella información que es relevante y también modifican nuestras actitudes. Los estados positivos suelen estimular pensamientos más creativos y favorecer el aprendizaje, por ejemplo.

- *Comprensión de las emociones:* a través del conocimiento comprendemos y analizamos las emociones. Incluye la capacidad de entender las transiciones entre emociones, o considerar las implicaciones que las emociones puedan tener.

- *Regulación de las emociones:* a través de la reflexión podemos conocernos mejor y promover un mejor funcionamiento emocional.

El pianista Juan Pérez Floristán, ganador del primer premio de interpretación del prestigioso Concurso Internacional de Piano de Santander "Paloma O'Shea" en la edición de 2015, reflexiona sobre su experiencia de las emociones de la siguiente manera:

Cuando interpretas, es importante saber estar implicado emocionalmente, pero mantener al mismo tiempo cierta distancia racional. Dejar fluir las emociones, pero mantener al mismo tiempo un espacio que te permita ser un buen estratega y colocarlo todo en su sitio. Esto tiene la misma validez en el estudio. Durante el estudio, tienes que saber también cómo investigar tus propias emociones para poder desarrollarlas, conservando esa cierta distancia que te permite no perder el espíritu analítico. El público puede permane-

[11] Mayer, J.D. & Salovey, P. (1997). What is emotional intelligence? In P. Salovey & D. Sluyter (Eds). *Emotional Development and Emotional Intelligence: Implications for Educators* (p. 3-31) Nueva York: Basic Books.

Mayer, J. D., Salovey, P., & Caruso, D. R. (2004). Emotional intelligence: Theory, findings, and implications. *Psychological Inquiry*, 15, 197-215.

cer sin analizar y dejarse llevar, pero el que está creando, el que está constru-yendo, necesita no perder su yo analítico.

Cuando a lo que te dedicas, tu profesión o tu pasión, incluye jugar con las emociones, necesitas desarrollarlas, y no solo las tuyas, sino las de 2000 per-sonas en un auditorio. Tienes que "masterizar" el mundo de las emociones y para eso necesitas conocerlas, evidentemente. En mi caso, el hecho de ser consciente de mis emociones me permite incidir más en ellas, en las que son más positivas y en las negativas.

El pianista
Juan Pérez Floristán.

IDEA OPERATIVA 2-3

Conocer nuestras emociones representa el punto de partida para empezar a gestionarlas mejor, sobre todo aquellas que tienden a repetirse y condicionan la calidad de las experiencias musicales.

▶ Utiliza las emociones con el fin de facilitar o mejorar tu manera de pensar y abordar la dificultades.

▶ Desarrolla competencias y habilidades emocionales que influencien positivamente la calidad y disfrute de las tareas musicales que realices.

Hace poco tiempo impartí un taller sobre "Entrenamiento Mental", en el IV° Encuentro de la Asociación de Flautistas de España que tuvo lugar en Valencia. El punto álgido del encuentro fue el concierto-gala realizado en el Palau de la Música, en el que participaron los solistas Barthold Kuijken, Francisco López, Paolo Taballioni y Karl Heinz Schütz, solista de la Orquesta Filarmónica de Viena. Durante el transcurso del concierto, tenía mi mente dividida entre el disfrute de las interpretaciones de los solistas y mis reflexiones sobre cómo estos gestionarían la presión de la actuación. Evidentemente, el público estaba compuesto casi exclusivamente por flautistas, a lo que había que añadir que excepto el primer intérprete, el resto salían al escenario justo después del extraordinario éxito obtenido por su predecesor o predecesores. ¿Cómo manejaría cada intérprete la situación, la presión de ser observado por tantos expertos? ¿Cómo se las ingeniarían aquellos solistas de los que se esperaba lo mejor, para ejercer un control fluido sobre elementos como la respiración, la tensión muscular o la propia interpretación musical? El resultado fue excelente, y la experiencia supuso una lección magistral de autorregulación emocional. Aprender a gestionar y canalizar convenientemente las emociones supone una gran ventaja, tanto en el proceso de preparación, como en las propias actuaciones.

3. Nuestras acciones

"Uno debe practicar lentamente, luego más despacio, y finalmente, muy despacio."
Yehudi Menuhin (1916-1999). Violinista.

Si eres más consciente de la relación que existe entre las acciones que emprendes y los resultados que obtienes, te encontrarás en mejor disposición de dejar de hacer aquello que no te beneficia y potenciar, por el contrario, lo que te conduce a avanzar. Es una cuestión que tiene que ver con el autoconocimiento, con observar los efectos de tus acciones musicales, y con aprender a partir de la experiencia, a tomar decisiones cada vez más acertadas. Las acciones que llevas a cabo en tu actividad musical, aglutinan tus pensamientos y tus emociones, y representan la ocasión de culminar brillantemente tus intenciones.

A continuación dispones de algunos ejemplos de acciones que nos interesa tener presente o revisar y que iremos introduciendo progresivamente en las diversas secciones del libro:

- Crear las condiciones idóneas para realizar un buen estudio (organización del tiempo y del lugar, suscitar un estado de ánimo propicio, programar pausas con el fin de evitar cansancio, molestias o trabajo improductivo...).
- Sentar las bases de una buena utilización del cuerpo. Esto incluye también practicar alguna técnica corporal como la técnica Alexander, Feldenkrais, método Trager, yoga o hacer deporte de forma adecuada.
- Identificar aquellas carencias que representen una limitación en el desarrollo técnico o interpretativo y dar los pasos convenientes para subsanarlas.
- Ejercitar conveniente y suficientemente los fundamentos técnicos e interpretativos de la actividad musical de acuerdo con las necesidades particulares.
- Priorizar el contenido del estudio en función del tiempo disponible.
- Supervisar constantemente la calidad de lo que se trabaja.
- Incentivar una buena sensación de control fluido durante la ejecución.

Una de las razones explicativas de un funcionamiento deficiente con el instrumento musical o en el canto, estriba en que ciertas habilidades básicas perceptivas o motrices, no acaban de quedar resueltas o consolidadas. Dependiendo de tu actividad musical, alguna de ellas serían: tomar aire con facilidad, el soporte natural de la columna del aire, el paso libre del arco, la acción libre y precisa de manos y dedos, discriminar la afinación con precisión ...

Si detectas tus puntos débiles, los analizas y practicas convenientemente hasta consolidar aspectos clave del funcionamiento instrumental o vocal (acciones), realizas una inversión inteligente. Revisar, reeducar o construir eficazmente aquello que facilitará tu funcionamiento en momentos o etapas posteriores, te aportará enormes ventajas. En actividades como la interpretación musical, que constan de un componente motriz tan decisivo, esta reflexión resulta especialmente importante. El contenido del capítulo 7 te aporta diversas propuestas optimizadoras al respecto.

Recuerdo hace unos años una edificante experiencia en el Conservatorio Superior de Música de Aragón. A primera hora de la mañana, en el aula contigua a la mía, escuché a un violinista practicando escalas a una velocidad tranquila. Me sorprendieron dos cosas. Lo temprano que un violinista estaba estudiando y lo increíblemente bien que sonaban las escalas. Resultó que se trataba del gran violinista Nicolás Chumachenco, que por aquel entonces impartía regularmente clases magistrales en nuestro conservatorio. Con unas extraordinarias grabaciones en su haber de los *Caprichos* de N. Paganini y de las *Sonatas y Partitas para violín solo* de J. S. Bach, junto a una intensa actividad como concertista internacional, Chumachenco arañaba unos cuanto minutos antes de empezar a impartir clases para practicar lentamente escalas. Igual que haría un buen bailarín al principio de sus sesiones de ensayo, Chumachenco ejercitaba los fundamentos de su actividad interpretativa comprobando nota a nota su óptimo rendimiento: la afinación, el sonido, la libertad corporal, la precisión del gesto y de todos aquellos recursos esenciales que facilitan sacarle todo el partido a la música. Con más de 70 años en la actualidad, este gran artista continúa con una incansable y exitosa actividad musical por los escenarios.

El violinista Nicolás Chumachenco ha sido violín primero en el Cuarteto Zurich, catedrático de violín en la Hochschule für Musik Freiburg (Alemania) y en la actualidad continúa su infatigable carrera artística como director y solista de la Orquesta de Cámara Reina Sofía de Madrid.

IDEA OPERATIVA 2-4

En los aprendizajes con componentes motrices como el musical, resulta decisivo insistir en la construcción de una nueva habilidad hasta que se domina e integra con el resto.

▶ A través de repeticiones de calidad, tu cerebro construye un cableado interno que contiene la secuencia de elementos bioquímicos capaz de sostener una buena ejecución.

▶ Si abandonas antes de tiempo no se consolida. Si no perseveras lo suficiente, los circuitos neuronales responsables de esa destreza, quedan "a medio hacer".

A lo largo de los capítulos encontrarás procedimientos para incidir positivamente sobre los componentes clave de la autorregulación que acabamos de presentar: pensamientos, emociones y acciones. A medida que avancemos en las tres fases de nuestro modelo de autorregulación musical aprenderemos a integrarlos en un todo interconectado. Pero antes, en nuestro próximo capítulo, tomaremos el impulso necesario incidiendo al máximo en la motivación, piedra angular de nuestro modelo de mejora.

RESUMEN DEL CAPÍTULO 2

- Una mejor gestión de pensamientos, emociones y acciones nos ayuda a alcanzar de forma más efectiva nuestras metas musicales.

- Ser conscientes, tanto de lo que sabemos como de lo que no sabemos, nos ayuda a utilizar esta información en beneficio del aprendizaje.

- Los músicos expertos se caracterizan por tener muy desarrollados sus procesos metacognitivos (consciencia y regulación del pensamiento).

- La planificación, la supervisión y la evaluación de las acciones musicales incide positivamente en el rendimiento.

- Conocer y gestionar adecuadamente las emociones resulta indispensable en una actividad interpretativa como la musical.

- Cuando descubrimos la conexión entre las acciones que llevamos a cabo y los resultados que nos ofrecen, tendemos a tomar mejores decisiones.

3

LA MOTIVACIÓN
Y EL COMPROMISO

"La motivación más constructiva en la conquista del instrumento es una motivación de placer, fruto de nuestras disposiciones vitales y afectivas. La fe y la alegría en el trabajo son virtudes que prevalecen sobre todas las demás."
Dominique Hoppenot (1925-1983). Violinista y pedagoga[12].

Cada vez existen más investigaciones científicas que evidencian la importancia de la emoción en relación con el aprendizaje. Sin entusiasmo no hay un aprendizaje brillante. En el modelo de autorregulación musical que vamos a desarrollar, la motivación desempeña por tanto un rol destacado.

Es admirable observar el mecanismo natural de aprendizaje que poseen los niños en tareas evolutivas como aprender a caminar. El intenso y continuado deseo de alcanzar las cosas por sí mismos, les lleva a perseverar en intentarlo cientos de veces en un fascinante ciclo de ensayo-error. Cada pérdida del equilibrio, cada caída, aporta nuevos datos que son procesados y cuyo desenlace final es la conquista de una nueva y valiosa habilidad. La emoción se encuentra presente en cada tentativa, nutriendo el cerebro del niño de sustancias químicas que estimulan su aprendizaje.

La forma más idónea de iniciar un proceso eficaz de mejora consiste en generar la motivación capaz de activar nuestros mejores recursos. El

---

[12] Hoppenot, D. (2002). *El violín interior.* Real Musical

deseo intenso de mejorar un aspecto musical determinado, despierta mecanismos naturales de consecución, de logro. El anhelo por alcanzar aquello que nos aproxima a ejecuciones más satisfactorias es muy poderoso. Genera energías para desarrollar habilidades, y para esforzarnos superando obstáculos. Resulta más factible encontrarnos motivados en la obtención de mejoras musicales:

• Si consideramos que nuestras capacidades son expandibles.
• Comprendiendo el porqué de lo que pretendemos mejorar.
• Fijándonos metas atractivas.
• Observando modelos interesantes.
• Creando buenos hábitos de trabajo.
• Corrigiendo nuestras creencias negativas.

A nuestra mente le gustan los retos. Plantear objetivos, comprometernos en su consecución y mantener una actitud continua de mejora, nos estimula enormemente y dinamiza decisivos procesos psicológicos relacionados con el aprendizaje eficaz (atención, percepción, memoria, pensamiento, emoción).

• Se trata de una consecuencia natural puesto que una mentalidad activa y menos rutinaria, genera expectativas y nos mantiene despiertos en el proceso.
• Cuando planteamos retos de mejora, la diversidad de áreas del cerebro implicadas y los estados mentales por los que pasamos, son más variados y estimulantes que cuando nos limitamos simplemente a repetir un pasaje hasta que salga.
• Permanecer atentos a nuestras necesidades, establecer objetivos estimulantes, buscar la manera de alcanzarlos y comprobar continuamente cuánto nos estamos acercando a la meta, supone una magnífica forma de despertar emociones positivas, y motivación.

Componentes de la motivación en el aprendizaje

"El piano, para mí, no es trabajo, sino es mi vida durante
las veinticuatro horas.
Y no necesito sentarme delante de él, porque está constantemente
en mi cabeza, no importa en qué lugar esté."
Grigory Sokolov. Pianista.

La motivación se encuentra enormemente condicionada por el valor que le otorgamos a las tareas que realizamos. En relación con la música, esto incluye aspectos más generales, como el valor que posee para nosotros estudiar canto o un instrumento, o más específicos, como el valor que le concedemos a realizar un buen calentamiento, perseverar en la práctica o trabajar de forma eficaz. El conocido investigador del rendimiento Anders Ericsson, comprobó que los estudiantes de violín que destacaban en la Universidad de las Artes de Berlín, se sentían motivados por estudiar concentrados e intensamente, porque creían que de esta manera mejoraban la calidad de sus ejecuciones[13]. ¿Por qué hago esta tarea? ¿Qué es lo que me lleva a practicar escalas antes de ponerme con las obras?

Cuanto mayor valor personal y atractivo contenga la tarea musical que realices, mayor esfuerzo estarás dispuesto a hacer.

• No es una cuestión de sufrir para llegar a ser un virtuoso de tu instrumento, sino de conectar con las razones que despiertan en tu interior la energía necesaria para desarrollar al máximo tus posibilidades.

• La excelencia en la música o en cualquier otra disciplina, requiere esfuerzo deliberado y como señala el neuropsicólogo Idriss Aberkane, el amor por tu ocupación es imprescindible para producir esfuerzo en la mayor cantidad posible[14].

La reacción emocional o afectiva asociada a la realización de las actividades musicales, se encuentra también muy relacionada con el grado de motivación experimentado. ¿Cómo me siento al trabajar esta

---

[13] Ericsson, K.A., Tesch-Römer, C. & Krampe, R. (1993). «The role of deliberate practice in the acquisition of expert performance», *Psychological Review*, 100, n.º 3, pp. 363-406.

[14] Aberkane, I (2017). *Libera tu cerebro*. Planeta

obra? ¿Qué emociones aparecen cuando me encuentro preparando una audición?

* El gusto por la música, por las obras, o por lo que hacemos, afecta en positivo al aprendizaje.
* Pero el universo de aspectos relacionados con cómo enfocamos el propio aprendizaje, también provoca sentimientos más o menos favorables.
* En la medida en la que organizamos las experiencias musicales de forma más efectiva, tendemos a sentirnos mejor al realizarlas.

Finalmente, la expectativa de obtener buenos resultados se encuentra muy vinculada con la activación y mantenimiento de la motivación.

* Como veremos con mayor profundidad en el siguiente apartado, las creencias personales en relación con el sentimiento personal de eficacia son decisivas.
* ¿Voy a poder solucionar esta dificultad? ¿Me creo capaz de hacer un buen curso? ¿Voy a poder hacer una buena masterclass? Estás serían algunas posibles preguntas, en cuyas respuesta encontraríamos indicios de nuestro grado de motivación.

MOTIVACIÓN EN EL APRENDIZAJE

VALOR	EXPECTATIVA	AFECTO
METAS DE APRENDIZAJE	**AUTOCONCEPTO**	**EMOCIONES**
¿Por qué hago esta tarea?	¿Me siento capaz de hacer esta tarea?	¿Cómo me siento al hacer esta tarea?

Componentes motivacionales del aprendizaje académico según Paul Pintrich y Elisabeth De Groot, (1990)[15]. Aunque los trabajos llevados a cabo por estos investigadores no pertenecen al ámbito musical, su transferencia a contextos como escuelas de música o conservatorios resultan de gran interés.

---

[15] Pintrich, P.R. y De Groot, E.V. (1990) Motivational and self-regulated learning components of classroom performance. *Journal of educational psychology*, 82, 33-40.

IDEA OPERATIVA 3-1

El aprendizaje se enriquece cuando inyectamos en él motivaciones y emociones que lo estimulan.

▶ Los retos técnicos y musicales planteados adecuadamente atraen a nuestro cerebro.

▶ Plantea en tus tareas musicales objetivos de mejora que constituyan un desafío que puedas asumir:
   - A nivel técnico.
   - Musical.
   - Personal.

2. Las creencias motivacionales

¿Crees que es posible mejorar con tu instrumento musical o con el canto? ¿Qué crees que valoran los demás cuando te escuchan? ¿Piensas que las dificultades tendrían que solventarse sin esfuerzo?

Las creencias son suposiciones que consideramos verdaderas en relación con hechos o aspectos de la vida. La influencia de las creencias sobre cómo vemos las cosas en nuestro devenir musical es muy poderosa. Es capaz de girar nuestra veleta interior en una dirección, "creo que lo conseguiré", pero también en la contraria, "creo que no lo conseguiré".

Nuestro sistema de creencias básico surge en la infancia a partir de nuestra herencia genética y de la interacción con nuestro entorno social, cultural y familiar. Con el tiempo, muchas de esas "creencias semilla" germinan, echan raíces y condicionan nuestro recorrido por la vida y por la música. Dependiendo de la naturaleza de nuestros convencimientos más íntimos y genuinos, este recorrido puede ser molesto, apagado, o por el contrario grato y esperanzador.

La influencia de las creencias

"La perfección no es el objetivo.
Es una herramienta, pero tienes que liberarte de ella para ir al fondo."
Anne Sophie Mutter. Violinista.

Cuando dispones de creencias sanas y adaptativas sobre ti mismo y sobre la actividad musical que realizas, generas mejores condiciones para disfrutar de un mayor número de experiencias satisfactorias. Las creencias sanas representan asideros de los que te vales para impulsarte, sortear los obstáculos y perseverar con energía hacia aquello que te ilusiona. Aunque a menudo no seamos conscientes de ello, nuestras creencias influyen en:

• Cómo percibimos los acontecimientos: una clase, una actuación, una sesión de estudio o una dificultad, pueden interpretarse en positivo o negativo en función de las creencias que tenemos.
• Las decisiones que tomamos: elegir una digitación, presentarme o no a una prueba, hacer un máster, buscar otro profesor.
• Nuestras emociones: las creencias que tienen que ver con sentirnos capaces nos conducen evidentemente a experimentar emociones positivas.
• Lo que pensamos sobre las cosas: valoraciones más o menos favorables sobre los hechos.
• Las actitudes que tenemos: creer, por ejemplo, que es normal encontrarse con un nivel de activación más elevado ante una actuación importante, ayuda a familiarizarse con él, en lugar de contemplarlo como una amenaza.
• Nuestra conducta: el perfeccionismo rígido, por ejemplo, lleva consigo conductas de evitación de la tarea. Al perfeccionista exagerado le genera mucha ansiedad anticipatoria pensar en el fracaso que supondría, no obtener un rendimiento perfecto en todos los parámetros. Con esta actitud tiende a evitar oportunidades de tocar en público, por ejemplo, o rechazar retos que pueden aportar interesantes experiencias de aprendizaje.

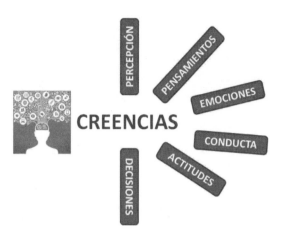

Por poco que escarbes en una decisión o una acción concreta en el día a día de la actividad musical, encontrarás una creencia que las sustenta. Imaginemos la siguiente situación:

- Un cellista trabajando un pasaje difícil, haciendo repeticiones cada vez más rápidas, descuidadas y desesperándose porque no hay forma de que le salga dicho pasaje. Después de un rato trabajando de esta manera se siente tenso y frustrado. Su comportamiento, sus emociones y su experiencia dependen en gran medida del convencimiento de que los problemas tendrían que poder solucionarse rápidamente. Puesto que los hechos le demuestran lo contrario, se genera un conflicto entre cuyas consecuencias se encuentra la frustración y el desánimo.

  CREENCIA: los problemas o las dificultades deberían poderse resolver rápidamente.

- El músico que por el contrario tiene el convencimiento de que, aunque algunas dificultades pueden solventarse con facilidad, otras requieren de perspicacia y perseverancia para ser superadas, se toma las cosas de otra manera. Los signos evidentes de que el problema todavía no está resuelto, representa información valiosa de cómo va yendo el proceso de trabajo. Esta manera de verlo aporta la tranquilidad suficiente para pensar de forma más clara y efectiva. Simplemente toca esperar un poco más y seguir insistiendo.

CREENCIA: los problemas o las dificultades suponen un reto y a menudo requieren de análisis y perseverancia.

Vamos a plantearlo a la inversa. Piensa primero en la siguiente creencia ejemplo y comprueba algunas posibles consecuencias que se derivarían de ella:

"Estudiar de forma eficaz me lleva a obtener mejores resultados."

Si realmente estoy convencido de ello:
- Mi conducta en el estudio tenderá a orientarse con mayor claridad a objetivos concretos.
- Comprobaré más a menudo si lo que estoy ejecutando es de calidad o no.
- Me daré más fácilmente cuenta de cuándo me desconcentro.
- Contemplaré más posibilidades en relación con la solución de problemas.
- Experimentaré un afecto positivo relacionado con el estudio eficaz.

Nuestras creencias se encuentran en capas muy internas de nuestra actividad musical, aportando nutrientes, si son positivas, o sustancias tóxicas, si son negativas. De ti depende en gran medida identificarlas y preguntarte de qué tipo son. Conocerte un poco mejor y, especialmente cuando las cosas van mal, tratar de indagar qué posible creencia se esconde detrás del malestar o la insatisfacción que experimentas, contribuye a iniciar un proceso de mejora. La metacognición, de la que hemos hablado en el capítulo anterior, te permite desvelar la naturaleza de tus pensamientos, ser consciente de lo que piensas. En este caso, ser consciente de tus creencias.

Autoeficacia

"Cuando creemos que nuestro esfuerzo tendrá una recompensa positiva, trabajamos más duro, en lugar de sucumbir a la desesperanza."
Shawn Achor. Investigador y psicólogo.

Una de las creencias más relevantes en el modelo de autorregulación que utilizamos como referencia, lo constituye el sentimiento de autoeficacia, investigado en profundidad por el psicólogo Albert Bandura[16]. Para este autor, la percepción que cada uno tenemos de poder ejecutar con éxito una tarea concreta y obtener un determinado resultado, influye enormemente en nuestro grado de motivación. Las llamadas expectativas de autoeficacia condicionan el esfuerzo, la intensidad y la persistencia con que desarrollamos las actividades musicales.

La autoeficacia también se considera uno de los predictores más fiables del rendimiento. En una investigación realizada con un amplio número de estudiantes de instrumento musical, antes de la realización de un examen de calificación externa dependiente del Trinity College de Londres, se constató que altas puntuaciones en autoeficacia se correspondían con un mejor rendimiento musical y también con un mayor compromiso cognitivo al preparar el examen[17].

La autoeficacia no es considerada como un rasgo fijo y pasivo, sino como un conjunto dinámico de sentimientos personales que podemos desarrollar positivamente.

- Las experiencias de aprendizaje que vas acumulando, junto a tus sensaciones personales de dominio y control, modulan continuamente la autoeficacia percibida.

- Los mensajes que puedas recibir por parte de tus profesores o por figuras de autoridad, también influyen en tu sentimiento de capacidad, así como tus estados fisiológicos y emocionales, especialmente aquellos más representativos e intensos. El miedo por ejemplo, limita enormemente nuestro sentimiento de eficacia.

- Antes de entregarnos a la tarea musical, la mente realiza estimaciones relacionadas con nuestras expectativas de logro, de consecución.

---

[16] Bandura, A. (1991). Self-regulation of motivation through anticipatory and self-reactive mechanisms. In R. A. Dienstbier (Ed.), *Perspectives on motivation: Nebraska symposium on motivation* (Vol. 38, pp. 69–164). Lincoln: University of Nebraska Press.

Bandura, A. (1999). *Auto- Eficacia: cómo afrontamos los cambios de la sociedad actual.* (J. Aldekoa, Trad.) Bilbao: Desclée de Brouwer.

[17] McCormick, John & McPherson, Gary. (2003). The Role of Self-Efficacy in a Musical Performance Examination: An Exploratory Structural Equation Analysis. *Psychology of Music - Psychol music. 31.* 37-51.

¿Voy a ser capaz de conseguir lo que me he propuesto? ¿Dispongo de recursos para ello? ¿Qué expectativas tengo de alcanzarlo? Si la respuesta es afirmativa generamos esperanza, ilusión y energía para ponernos manos a la obra. Sin embargo, si albergamos dudas sobre nuestra capacidad, nos desinflamos anímicamente o nos alteramos, y tendemos a emplear peores procedimientos para realizar la tarea.

Una manera de construir un sentimiento más positivo de autoeficacia en el proceso de acercamiento a tus objetivos musicales, consiste en adecuar constantemente el nivel de dificultad de lo que trabajas a tus posibilidades momentáneas. Es decir, ser más estratégico. Imagina que vas a trabajar una nueva obra. En lugar de pretender en pocos días dominar y ejecutar una obra al *tempo* definitivo, sin mayor estrategia que intentarlo una y otra vez, resulta preferible planificar y dosificar tus esfuerzos. La figura de abajo representa una tendencia muy generalizada, que consiste en repetidos "intentos todo o nada". Puesto que generalmente resulta difícil tener éxito con esta actitud, es muy común desarrollar sentimientos de incapacidad.

1er tiempo Concierto

Intentos todo o nada

La aproximación al estudio de una nueva obra se realiza a menudo mediante intentos que están condenados al fracaso por la propia naturaleza de los procesos de aprendizaje. Se pretende abarcar mucho en muy poco tiempo.

La autorregulación del aprendizaje incluye desarrollar la consciencia y la reflexión. Escalonar inteligentemente el aprendizaje favorece emociones positivas generadoras de mejores procesos de pensamiento, más calidad, perseverancia en el estudio, y mayor satisfacción en las actuaciones.

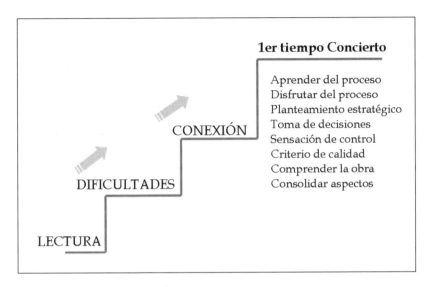

Cada fase de trabajo por la que pasa una obra implica diferentes tareas y escenarios. Los retos que se van superando generan nuevas energías y recursos.

Dos creencias muy constructivas

Las investigaciones muestran que las creencias que tienen que ver con nuestra capacidad de mejora y crecimiento, suelen estar relacionadas con un mejor desempeño general. Carol Dweck, profesora de psicología social en la Universidad de Standford comprobó mediante sus investigaciones, que aquellos estudiantes que consideraban posible aumentar sus capacidades, tendían a esforzarse más, a perseverar más en sus objetivos y por consiguiente a obtener mejores resultados a largo plazo[18]. Confiar en que podemos hacer progresos nos aporta un marco contextual que le da sentido al intento, a esforzarnos por mejorar nuestro planteamiento musical y realizar los ajustes necesarios para conseguir un mayor logro.

Otro caso interesante de influencia de las creencias en comportamientos relacionados con el aprendizaje, lo encontramos en el llamado

---

[18] Dweck, C. S. (1999). *Self-theories: Their role in motivation, personality and development.* Philadelphia: Psychology Press.

efecto Pigmalión[19]. Este efecto psicológico que evidenciaron Robert Rosenthal y Leonore Jacobson en una escuela de California se encuentra relacionado con la motivación de los alumnos, en función de las creencias o expectativas de valía que mostraban sus profesores con respecto a ellos. La conclusión que se extrajo de aquella experiencia es que los profesores, tendieron a interesarse más por los alumnos que habían sido catalogados como más inteligentes (aunque no era así) y a tratarlos de forma diferente al resto, lo que al cabo de un año dio como consecuencia una considerable mejora de su rendimiento.

Una creencia comienzan siendo una pequeña semilla condicionada por la biología y el carácter individual, y su crecimiento depende del tipo de tierra sobre la que se encuentra y la abundancia o no de lluvia, es decir, de los factores externos que la acompañan. Si la tierra en la que se encuentra es fértil como en los márgenes de un caudaloso río, obtendremos creencias robustas, sanas y perdurables en el tiempo.

IDEA OPERATIVA 3-2

Las creencias son suposiciones con apariencia de verdad, que condicionan nuestra manera de pensar y de ver las cosas.

▶ Trata de conocerte mejor a ti mismo e indagar qué creencias se esconden detrás de actitudes o comportamientos que te limitan, y al contrario, cuáles son las creencias que te llevan a crecer y avanzar.

▶ Reflexiona sobre los posibles cambios que puedes introducir en tu planteamiento musical con el fin de incrementar tu sentimiento de autoeficacia.

---

[19] Rosenthal R. y Jacobson L.«(1968). Teacher Expectation for the Disadvantaged», *Scientific American*, v. 218, nº 4, p. 19-23.

Rosenthal R. y Jacobson L.«(1980). *Pygmalion en la escuela. Expectativas del maestro y desarrollo intelectual del alumno*. Editorial Marova.

2. El compromiso

"¿Sabes qué creo? Si estoy cansado ahora,
no me importa, porque tengo la eternidad para descansar."
Andrés Segovia (1893-1987). Guitarrista.

En ocasiones la motivación se desinfla y la energía no alcanza para perseverar ante una tarea complicada, estudiar cuando no tenemos ganas, o disciplinarnos para organizarnos mejor. Es entonces cuando el compromiso nos echa una mano. Como sucede con los coches híbridos, cuando el motor eléctrico ha cumplido su función se activa el de gasolina. Allí donde la motivación no llega, el compromiso inyecta el esfuerzo que necesitamos. El compromiso representa la fidelidad con los valores que consideramos importantes y está ligado al significado personal que le otorgamos a la música, a la expresión, a la comunicación, al progreso, a la perseverancia, al esfuerzo, o a la superación.

El aspecto que más interesa destacar en relación con el compromiso, lo constituye el hecho de que éste no depende de una gratificación externa o de unos resultados. Nosotros mismos lo conectamos con valores como los anteriores y establecemos un especie de contrato personal con ellos. A pesar de los inconvenientes, nos comprometemos con aquello que consideramos valioso, sacando fuerzas de donde sea necesario para perseverar en las tareas importantes.

El primer paso para establecer un compromiso sólido y fructífero con tus valores personales y musicales consiste en clarificar cuáles son y qué representan para ti. Si conectas intelectual y afectivamente con ellos, muy pronto comprobarás el pilar tan sólido que representan en tu devenir musical.

Compromiso activo con el aprendizaje

"Yo creo que el arte es parte de la vida, y no se puede deslindar.
Y la disciplina.., mire eso es como respirar, todo el mundo lo hace constante-
mente y con regularidad, pero no lo llamamos disciplina. Algo así me pasa a
mí con el piano."
Grigory Sokolov. Pianista.

La neurociencia cognitiva considera que el compromiso activo del estudiante es uno de los factores que determinan la velocidad y facilidad del aprendizaje. El investigador Stanislas Dehaene[20] sostiene que un organismo pasivo no aprende, y que es importante que el estudiante sea capaz de saber cuándo no sabe (metacognición), con el fin de corregir y mejorar.

* En nuestro contexto musical, saber que no sabemos tiene que ver, por ejemplo, con hacer una audición y darnos cuenta de que lo que creíamos que estaba claro, en realidad no lo está tanto. Pasajes que considerábamos que "nos los sabíamos", aparecen sucios e inseguros.
* Como vimos en el capítulo 1, la metacognición es la facultad que nos permite ser conscientes de lo que pensamos y de lo que sabemos. La mejor manera de poner a prueba nuestro "saber musical" consiste en realizar comprobaciones constantes, ya sea al estudiar, mediante pases a amigos o conocidos, o en conciertos.

Una tarea que tuvo mucho éxito entre mis estudiantes en el Conservatorio Superior de Música de Navarra (Preparación Psicológica para las Actuaciones), consistía en la realización de un mínimo de cinco pases públicos, de una obra que tuvieran que tocar próximamente en una audición o prueba. Las conclusiones más destacadas que extrajimos de esta experiencia fueron las siguientes:

* Los pases sirvieron a los estudiantes para darse cuenta de lo que realmente estaba consolidado y lo que no.
* Dieron más sentido al estudio.
* Desarrollaron entre los pases un método de trabajo enfocado a introducir mejoras en el rendimiento de esa obra en concreto.
* Incrementaron su motivación para corregir lo que no estaba bien.
* Dispusieron de objetivos más concretos a partir de los pases.
* Fueron conscientes de que tenían que renovar cada vez los mecanismos que les conducían a la eficacia, como por ejemplo la concentración.
* Muchos de ellos detectaron actitudes demasiado estrictas o negativas consigo mismos, que trataron de modificar.

[20] Dehaene, S. (2012). *Les grands principes de l'apprentissage*. Conferencia en el Collège de France.

- Ejercitaron la capacidad de reconducir la atención a lo que realmente importa, la música.
- Se centraron en sustituir la tensión excesiva, que era una manifestación muy generalizada, por un control más fluido del cuerpo.

IDEA OPERATIVA 3-3

El compromiso con valores significativos nos reafirman en el deseo de obtener mejoras musicales.

❱ Pregúntate de vez en cuando qué valores despiertan en ti admiración y ganas de comprometerte con ellos.

❱ Renueva a menudo tu compromiso con la calidad de tu aprendizaje, lo que incluye comprobar si realmente dominas las obras o el material que trabajas.

---

4. La resiliencia

"Todo hombre herido se ve forzado a la metamorfosis."
Boris Cyrulnik. Neurólogo y psiquiatra[21].

¿Cómo reaccionas cuando una barrera te impide la realización de aquello que tanto deseas, o cuando las cosas no salen como estaban previstas? ¿Cómo manejar un infortunio que merma tu disfrute musical?

La resiliencia consiste en la capacidad para adaptarnos positivamente a situaciones adversas. Este concepto se suele ilustrar apelando a la cualidad de resistencia de algunos materiales, que les permite doblarse sin quebrarse y recuperar la forma o condición previa. Los juncos, por ejemplo, pueden arquearse por la acción del viento y recobrar posteriormente su posición con total normalidad, sin embargo muchos árboles se resquebrajan ante la misma situación.

La curiosidad por este tema surgió en el ámbito de la psicología, cuando se comprobó que un grupo de niños que había contado con

---

[21] Cyrulnik ,B. (2000). *La maravilla del dolor.* Granica. Ensayo.

unas condiciones adversas durante la infancia, era capaz desarrollar una vida adulta satisfactoria, a diferencia de otros que no lo consiguieron. Las características comunes que se observaron en esos niños "resistentes", dieron pistas muy valiosas para posteriores estudios e investigaciones. El psiquiatra Boris Cyrulnik, superviviente de niño en un campo de concentración en la Segunda Guerra Mundial, estudió en profundidad el tema y popularizó el concepto de resiliencia.

La pausa forzosa de unos años en la actividad violinística que tuvo que hacer Maxim Vengerov por causa de una lesión, supone un ejemplo de adaptación a las circunstancias y de buena gestión de las dificultades. Una noticia que hace años me sorprendió fue que otro violinista, Reinhard Goebel, fundador del conocido grupo de Música Antigua de Colonia, tras una distonía focal en la mano izquierda, aprendió a tocar al revés[22]. Fue capaz de digitar con la mano derecha y pasar el arco con la izquierda. Sin embargo pasado un tiempo, decidió dejar definitivamente de tocar el violín.

La adversidad puede hacer acto de presencia en nuestro devenir musical. Saber que contamos con recursos para amortiguar el golpe, puede representar una ayuda inestimable en aquellas situaciones en las que estemos pasando por un bache. A continuación se presentan algunas circunstancias que pueden condicionar el disfrute de la experiencia musical:

- El músico de orquesta que no siente la misma destreza con el paso de los años.
- Sensación de estancamiento o retroceso en el estudio.
- Cualidades que no se poseen (buen vibrato, buenos o fáciles agudos...).
- Molestias recurrentes en la espalda, o en otra zona del cuerpo.
- Miedo escénico que impide disfrutar en las actuaciones y reduce el rendimiento.
- Pausas forzosas en la actividad musical (lesiones, accidentes, enfermedad ...).
- Períodos de gran insatisfacción, o apatía por exceso de trabajo.
- Circunstancias personales o familiares difíciles.

---

[22]https://www.thestrad.com/violinist-reinhard-goebel-on-adapting-to-focal-dystonia/6310.article

La resiliencia parte de la aceptación

"Nunca se consiguen liquidar los problemas,
siempre queda una huella, pero podemos darles otra vida,
una vida más soportable y a veces incluso hermosa y con sentido."
Boris Cyrulnik. Neurólogo y psiquiatra[23].

Realmente podemos aprender a ser más resilientes y a sacar provecho de las lecciones que nos da la vida. El punto de partida tiene que ver con la aceptación de la adversidad como parte consustancial de la propia existencia. En la vida pasan cosas, y algunas de ellas son duras o incómodas. Como comentaba el pianista Arthur Rubinstein, "no hay una fórmula para el éxito, a excepción quizás de una aceptación incondicional de la vida y de lo que ella depara". A. Rubinstein tuvo que superar una circunstancia traumática en su juventud, y fue un ejemplo de sabiduría vital que le condujo a relativizar sus imperfecciones, y a interesarse además de por la música, por múltiples aspectos vitales.

Un dato complementario al anterior lo constituye el hecho de que cuando Rubinstein contaba ya con una edad avanzada, su extraordinaria capacidad de adaptación le llevó a ser objeto de estudio por parte de la psicología evolutiva. Como comenta Paul Baltes, investigador del Instituto Max Planck para el Desarrollo Humano, cuando el célebre pianista polaco superó los 80 años (llegó a tocar hasta los 91), atribuía el buen rendimiento en sus conciertos a disponer de un repertorio de menos piezas (selección), a practicar esas piezas más a menudo (optimización selectiva), y a cierta picaresca consistente en bajar disimuladamente el *tempo* antes de llegar a un pasaje difícil y rápido (compensación)[24].

---

[23] Cyrulnik ,B. (2009). *Los patitos feos. La resiliencia: Una infancia infeliz no determina la vida.* Gedisa.

[24] Baltes, P. B. (2003). Extending longevity: Dignity gain - or dignity drain? *Max Planck Research,* (3), 14-19.

Desarrollar la resiliencia

Para el psiquiatra Luis Rojas-Marcos, presidente del Sistema de Hospitales Públicos de la ciudad de Nueva York cuando sucedió allí el atentado de 2001, los ingredientes de la resiliencia son biológicos, psicológicos y sociales. Rojas-Marcos ha estudiado en profundidad el tema, y en su libro *Superar la adversidad*, considera que son seis los pilares que conducen a incrementar la capacidad de manejar e incluso sacar partido de las experiencias adversas[25]. A continuación pasamos a comentarlos brevemente.

- *Conexiones afectivas:* El vínculo afectivo con los demás, aunque se trate solo de una persona, resulta fundamental. Sentirse genuinamente conectado con alguien contribuye a superar las dificultades vitales. En el contexto de los estudios musicales de grado superior, donde es muy común que los alumnos vivan durante ese periodo en otra ciudad, es importante que éstos creen buenas amistadas, precisamente porque es común que pasen por apuros de mayor o menor calado durante este periodo. Sentirse escuchado, apoyado y querido permite manejar mejor los momentos de dificultad.
- *Desarrollo de las funciones ejecutivas:* Como vimos al final del capítulo 1, las funciones ejecutivas son las encargadas de dirigir los pensamientos, las emociones y las conductas, los tres ejes principales sobre los que gira la autorregulación del aprendizaje musical. Ser conscientes de nosotros mismos y modular estas funciones, también contribuye a sentirnos con más herramientas para gestionar la adversidad.
- *Centro de control interno:* reaccionamos de forma más adaptativa cuando pensamos que en última instancia, la forma cómo manejamos una situación depende de nosotros mismos, y no solo de las circunstancias que nos vienen dadas. Volveremos a este interesante tema cuando lleguemos al capítulo 9 y reflexionemos sobre los resultados musicales obtenidos.
- *Autoestima:* cuando la visión que una persona tiene de sí misma es positiva, se siente más fuerte para gestionar las dificultades e incrementa también su confianza, fuerza de voluntad y esperanza. Pero

---

[25] Rojas-Marcos, L. (2010). *Superar la adversidad. El poder de la resiliencia.* Espasa.

esto no resulta siempre fácil, en especial en contextos académicos donde los resultados lo son todo, como en la música. Un mensaje que intento transmitir a mis alumnos de grado superior es que, por encima del autoconcepto académico se encuentra la autoestima. Aprender a reconocer nuestras propias cualidades personales, equilibra y sana una autoestima maltrecha, basada en exceso en los resultados musicales.

• *Pensamiento positivo:* la tendencia a luchar contra las adversidades tiene mucho que ver con ser capaz de contemplar las circunstancias desde otro ángulo. Las personas que en las situaciones difíciles encuentran resquicios para adoptar una perspectiva más favorable, tienden a adaptarse mejor y a no perder la esperanza. Pensar de forma más positiva, aporta una mayor motivación para superar las dificultades y además influye favorablemente en tres de los pilares de la resiliencia que acabamos de ver: las conexiones afectivas, las funciones ejecutivas y la autoestima.

IDEA OPERATIVA 3-4

La resiliencia representa la cualidad de adaptarnos mejor ante las circunstancias adversas.

▶ Si pasas por una situación difícil, conecta inicialmente con las emociones que te suscita.

▶ Trata de ver la situación de una forma esperanzada y de potenciar en la medida de tus posibilidades los pilares que acabamos de ver.

Tras la presentación de las líneas maestras de nuestro modelo de mejora e impulsados por la motivación, el compromiso y la resiliencia, nos disponemos a entrar de lleno en materia. En la segunda parte del libro vamos a enlazar continuamente contenidos y práctica. El propósito no es otro, que disponer de suficientes herramientas con las que incidir favorablemente en la actividad musical.

RESUMEN DEL CAPÍTULO 3

■ La motivación propicia una disposición favorecedora del aprendizaje musical y de la obtención de mejoras.

■ Los objetivos significativos despiertan recursos encaminados a su consecución y desarrollan nuestras habilidades.

■ Las creencias condicionan nuestras percepciones, nuestros pensamientos y nuestras acciones, pero muy a menudo no somos conscientes de su influencia.

■ Las creencias motivacionales influyen enormemente en nuestra relación con la actividad musical. Si nos consideramos capaces de alcanzar nuestros objetivos tenderemos a desarrollar conductas de logro.

■ El compromiso con valores significativos aporta la energía que necesitamos cuando la motivación no alcanza. El compromiso con la calidad del aprendizaje implica comprobar a menudo lo que realmente sabemos.

■ La resiliencia supone la aceptación y la comprensión de la adversidad como una circunstancia inherente a la vida, y nos invita a desarrollar recursos protectores.

SEGUNDA PARTE

4

ORGANIZAR Y PLANIFICAR
Fase previa 1

En este capítulo intervenimos en la organización del espacio de estudio, la planificación de tareas, el establecimiento de objetivos y el planteamiento estratégico. Al final de cada capítulo de esta segunda parte del libro dispones de un apartado encaminado a explorar y aplicar estrategias de mejora relacionadas con los contenidos.

1. Organizar el espacio y las tareas

"Con orden y tiempo se encuentra el secreto de hacerlo todo y de hacerlo bien."
Pitágoras. (c. 569- c. 475 a.C.)

Iniciamos el ciclo de intervención en tres fases (previa, realización y reflexión) de la autorregulación del aprendizaje musical. El asunto clave de la fase previa consiste en crear las condiciones idóneas para suscitar un buen trabajo. Antes de vocalizar o tocar la primera nota, tus recursos deberían encontrarse ya alineados y pugnando por hacerlo lo mejor posible. Dedicar unos momentos a montar los raíles sobre los que posteriormente avanzar con fluidez, representa una característica distintiva de la personas competentes en numerosas disciplinas.

Un error muy común consiste en lanzarse directamente a estudiar sin haber sentado las bases de aspectos como:

- Establecer cada cuánto se realizarán pausas, en lugar de estudiar mucho tiempo seguido sin descansos.
- Eliminar distractores (móviles, avisos de whatsapp, redes sociales...).
- Priorizar el trabajo a realizar en función del tiempo disponible y de otras circunstancias.
- Disponer de un criterio claro de buena disposición corporal (postura, libertad corporal ...).
- Contar con recursos para activar y mantener la concentración durante el estudio o las actuaciones.
- Capacidad para generar motivación y una actitud positiva antes de empezar la actividad.

En este primer apartado nos vamos a centrar en dos facilitadores de nuestro trabajo musical, la organización del espacio y la planificación del tiempo y las tareas. Con ellos calentamos motores en relación con nuestra capacidad de gestionar mejor aspectos que contribuyen a una actividad musical más satisfactoria.

Organizar el espacio

"Si quieres organizar tu mente puedes empezar
por organizar tu habitación."
Jordan Peterson. Psicólogo clínico.[26]

Esta primera propuesta consiste en crear un lugar de trabajo operativo y estimulante. En el fondo, se trata del lugar donde vas a pasar muchas horas de práctica. Si tienes en cuenta algunos detalles como los que aparecen abajo, te sentirás más a gusto, estarás más concentrado y generarás una disposición más propicia para avanzar. La mera intención de organizar el espacio de trabajo musical, implica de por sí una disposición personal más activa. Algunos de los elementos que puedes incorporar son los siguientes:

---

[26] Peterson, Jordan B. (2018). *12 Rules for Life: An Antidote to Chaos*. Penguin Random House.

• Sillas que favorezcan una alineación de la espalda más natural. La mayor parte de las sillas tienen la parte delantera del asiento considerablemente más elevada que la trasera, con lo que se produce la retroversión de la pelvis, relacionada con molestias innecesarias en la espalda. La utilización de unos tacos de madera o un par de libros en las patas traseras, puede corregir esta inclinación, facilitando una mejor disposición del torso (ver imagen de abajo).

• Iluminación adecuada con el fin de evitar adelantar la cabeza innecesariamente hacia el atril.
• Partituras en buen estado que permitan una buena lectura.
• Tener al alcance medios para supervisar tu buen uso corporal: espejo, cámara de vídeo o cámara del móvil.
• Grabadora de audio. A ser posible de buena calidad.
• Elementos visuales relacionados con el proceso de trabajo y el rendimiento (organizadores gráficos como los que veremos en el capítulo 7).
• Alguna esterilla para practicar la posición de descanso constructivo (ver Estrategia de Mejora 5.1).
• Material para escribir, post-its ....
• Elementos visuales motivadores: fotos de intérpretes favoritos, personas significativas, frases motivadoras.

- Evitar distractores de todo tipo: apagar móviles o ponerlos en silencio, redes sociales.
- Atril en condiciones y bien regulado en cuanto a distancia y altura.
- Temperatura bien regulada.
- Tener a mano el diario musical para consultarlo o escribir nuevas entradas en él (ver Estrategia de Mejora 4.1 al final del capítulo).
- Sensación de orden, que anime a estar allí y a hacer música.

Organizar el tiempo y las tareas

"El secreto de la alegría en el trabajo está contenida en una palabra: excelencia. Saber cómo hacer algo bien es disfrutarlo."
Pearl S. Buck (1892-1973). Escritora.

Planificar implica tener una perspectiva general y programar las tareas en función de tus compromisos (clases, conciertos, pruebas, exámenes ...) y de tus circunstancias (tiempo de estudio, plazos, nivel de dominio, necesidades técnicas o musicales, capacidad de resistencia ...).

Cuando no planificamos, solemos funcionar a partir de las urgencias y el desorden es una de sus consecuencias más comunes. Llegar a una prueba con los pasajes orquestales en pinzas, representa un ejemplo de descuido en la organización. Por el contrario, planificar una sesión de estudio, la próxima clase o la preparación de una actuación, contribuye a la realización de un trabajo más sólido.

A continuación dispones de diversas propuestas encaminadas a gestionar mejor cuestiones relacionadas con este tipo de planificación:

- **Confeccionar una lista de tareas musicales**
  Confeccionar tu propia lista de tareas, te ayudará a tener presente aquello que necesitas llevar a cabo. Las tareas se encuentran en relación con tus metas y objetivos, asunto que veremos con profundidad en el apartado 3 del presente capítulo. Puedes clasificar tus tareas por apartados:
  - **Tareas relacionadas con el estudio:** trabajo previo - calentamiento - revisar pasajes - lectura de alguna obra - estudiar mentalmente un pasaje - trabajar técnica o estudios - hacer un pase de

una obra - trabajar los enlaces de una obra - trabajar el sonido - mejorar la postura - una articulación determinada.... (ver EM 4.2 al final del capítulo).

- **Tareas relacionadas con las actuaciones:** visualizar la actuación - realizar pases a amigos o familiares - grabarte en vídeo y analizar la ejecución - trabajar con autoafirmaciones - trabajar la resistencia - practicar la regulación del nivel de activación - practicar la relajación muscular ....

• **Priorizar las tareas**
En ocasiones será imposible cumplimentar todas las tareas y te verás obligado a elegir solo las más relevantes o urgentes. En días cargados de clases o proyectos de cámara o de orquesta, resulta más provechoso detenerte un momento antes de comenzar el trabajo y tomar la decisión de centrarse solamente en unas cuantas tareas bien realizadas. Priorizar constituye un verdadero reto de autorregulación personal:
- Decir ¡"Stop!" al impulso emocional de querer trabajar muchas cosas en poco tiempo.
- Tomarte un minuto para respirar ..... y decidir qué es aquello en lo que más te interesa ocuparte.
- Céntrate en la buena realización de la tarea.
Establecer de antemano un criterio de priorización para estas situaciones, te facilitará mucho las cosas.

• **Ponderar las tareas**
Utilizar un gráfico como el que aparece abajo, te ayudará a determinar qué proporción de tiempo quieres dedicar a cada uno de los apartados de tu estudio diario. Tómate un momento para analizar tus necesidades y establece entonces una proporción equilibrada.

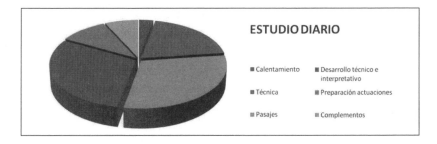

- **Determinar el orden**
  Establecer un criterio en relación con el orden a seguir, también aporta una guía útil para el trabajo (ver el apartado Estrategias de Mejora 4.2. "Organizador diario del estudio").
  - Si nos centramos en la sesión de estudio, puedes agrupar las tareas por unidades operativas y establecer entonces un orden de realización: tareas previas y calentamiento - asuntos técnicos - nuevo material - pasajes concretos - revisión de material ....
  - Si de lo que se trata es de planificar el estudio de una obra desde su lectura inicial hasta las puertas de una actuación, resulta de interés tener presente las fases de trabajo por las que la obra pasaría[27].

A pesar de que la planificación y secuenciación de tareas nos aporta orden y facilita las cosas, es innegable que salir de la rutina y de lo establecido resulta en ocasiones conveniente. Estudiar día tras días lo mismo, puede mermar la frescura y creatividad que caracterizan las buenas sesiones de estudio.

- La flexibilidad representa una cualidad que debemos tener en cuenta. Madeline Bruser comenta en *The art of Practicing*[28], que no es necesario seguir un plan rígido, por el que hoy se tengan que hacer las cosas necesariamente en el mismo orden que ayer.
- Cultivar la espontaneidad a través de preguntarte qué es lo que ahora te interesa trabajar, y trabajarlo de una manera interesante, contribuye a mantener la chispa. La planificación ayuda, pero lo que realmente importa es embarcarse con entusiasmo en un proceso de mejora continuo.

IDEA OPERATIVA 4-1

Dedicar unos momentos a planificar y a crear unas buenas condiciones de trabajo musical, nos predispone positivamente hacia él.

---

[27] García Martínez, R. (2015). *Cómo preparar con éxito un concierto o audición. Técnicas básicas para dominar el escenario.* Redbook Ediciones.

[28] Bruser, M. (1997). *The art of practicing.* Three Rivers Press.

▶ Dispón tu espacio musical de forma que estimule y facilite tu tarea.

▶ Cuando planifiques tu trabajo, parte siempre de un análisis objetivo de tus metas, los plazos temporales y tu situación personal.

IDEA OPERATIVA 4-2

Realizar un inventario de tareas relacionadas con el estudio o las actuaciones nos hace más conscientes de nuestras necesidades.

▶ Reflexiona sobre el porqué de las tareas que vas a realizar. Esto les dará sentido y contribuirá a que te motives más al llevarlas a cabo.

▶ Diseña un plan flexible que aporte orden en la aproximación a tus objetivos. Trata al mismo tiempo de mantener una actitud que estimule el interés y la curiosidad por las tareas que realizas.

2. Establecer criterios de calidad

"Las tres cuartas partes del trabajo bien hecho consiste en rechazar."
Paul Valery (1871-1945). Poeta.

Prefijar unos criterios de excelencia musical antes de entrar de lleno en el trabajo, te aportará un marco mental guía a partir del cual avanzarás más eficazmente. Al plantear tus tareas musicales a partir de un estándar elevado de calidad, te convertirás en protagonista de la elaboración de algo valioso y te sentirás más motivado en el proceso de su consecución.

Las siguientes preguntas pueden ayudarte a clarificar tu propio criterio de calidad musical:

- ¿Qué características considero que se encuentran presentes en una ejecución de calidad?

- ¿Cuándo consideraría que aquello que produzco musicalmente alcanza un estándar de calidad excelente?

- ¿Qué cualidades psicológicas y físicas esenciales concurren en una buena ejecución?

"Preactivar" tu mente con las características que conforman la excelencia musical, contribuirá a que seas más consciente de ellas durante la fase de realización. La discrepancia entre el criterio de calidad establecido (canon de excelencia musical) y tu producción real, se hará más evidente. De esta forma, cuando te encuentres estudiando, identificarás con mayor facilidad si vas por el camino adecuado o no. Cada elemento que incorpores a tu memoria muscular mediante tu práctica diaria, debería pasar por tu supervisión exigente. De esta forma te aseguras de que lo que trabajas se consolida e integra adecuadamente.

La elaboración de un criterio de calidad resulta muy personal y conviene que surja a partir de tu propia reflexión. Como hemos comentado anteriormente, este criterio incluye además de aspectos sonoros, elementos corporales y psicológicos que inciden positivamente en la calidad musical. Motívate considerando que estas características representan los pilares sobre los que se sustentarán tus atributos como intérprete. Visualizarlas y desearlas a menudo, activará recursos muy valiosos cuando te encuentres en pleno estudio.

A continuación dispones de una sencilla clasificación de aspectos en los que cuidar continuamente la calidad. Si lo prefieres puedes elaborar tu propia lista incluyendo aquellos elementos que consideres más convenientes.

- **Aspectos sonoros**
  - Precisión.
  - Calidad del sonido.
  - Ritmo justo.
  - Buena afinación.
  - Rigor en el tempo.
  - Gusto musical e interpretación.
  - Creatividad y comunicación.
- **Aspectos corporales**
  - Buena postura.
  - Estabilidad.
  - Libertad de movimientos. Interpretar con facilidad.
  - Integración natural del instrumento.
- **Aspectos psicológicos:**
  - Concentración.
  - Buena disposición para el trabajo.
  - Ideas claras de lo que se pretendes conseguir.

En los capítulos 6, 7 y 8, retomaremos este apartado y comprobaremos cómo podemos operar con estas características durante la realización de la tarea musical.

IDEA OPERATIVA 4-3

Disponer de un canon de excelencia musical interiorizado, estimula el buen funcionamiento de los mecanismos relacionados con la obtención de mejoras.

▶ Determina por ti mismo qué cualidades le confieren calidad a la interpretación musical.

▶ Conecta emocional y motivacionalmente con ellas.

▶ Tenlas presentes continuamente en tu actividad musical.

3. Fijarse objetivos

"Aún no me creo que sea uno de ellos. Miro a mi lado y veo sentado a Emmanuel Pahud y a otros grandes de los que compraba discos y tenía fotos en mi casa. Todavía me quedo embobado pensado: '¡Soy uno de ellos!'" Joaquín Riquelme. Viola de la Orquesta de la Filarmónica de Berlín

Si a tu mente le resulta atractivo un objetivo, anhelará conseguirlo haciendo acopio de todo aquello que requiera para lograrlo. El cerebro está diseñado para ello. El deseo de consecución centra el foco de atención y canaliza las energías. Si además consigues alinear y jerarquizar tus objetivos convenientemente, también incidirás positivamente en la sensación de confianza y competencia.

Los objetivos pueden surgir espontáneamente mientras te encuentras estudiando, como veremos en el capítulo 8, o bien quedar establecidos de antemano. En cualquier caso, las evidencias en diversas investigaciones en relación con los objetivos, nos revelan algunas características que contribuyen a mejores resultados:

- Son específicos en lugar de difusos.
- Están conectados con objetivos más amplios o a más largo plazo.
- Reflejan un amor genuino por la música y por la interpretación.
- Otorgan significado y valor.
- Tienen en cuenta nuestras verdaderas necesidades.
- Despiertan el deseo por alcanzarlos.
- Se encuentran a nuestro alcance, aunque sean difíciles de conseguir.
- Nos hacen sentirnos capaces de conseguirlos.
- Están acompañados de buenas estrategias para alcanzarlos.
- No conviene pretender alcanzarlos ni demasiado rápido, ni demasiados a la vez.
- Generen compromiso con su consecución.

Elegir las metas y objetivos

P. ¿A qué edad empezó usted a aprender?
R. A los cinco años. Me llevaron a un concierto de David Oistrakh y supe que
quería hacer eso mismo. Era el primer concierto al que iba en mi vida y ya
eso era todo un acontecimiento. Una sala con dos mil personas que solo le
miraban a él, ese sonido, esa emoción que sacaba de aquella cosa de madera
tan pequeña. Me transformó. Veía que la música nos enriquecía, nos abría
una ventana en otro universo. Podías mirar a través de ella y luego volver
mucho mejor, con una fuerza mágica para afrontar la vida.
Anne Sophie Mutter. Violinista

Una parte clave de una buena planificación, consiste precisamente en desarrollar la habilidad de elegir aquellas metas y objetivos que incentiven la generación de recursos de logro. Objetivos conectados entre sí y que marquen el camino hacia metas relacionadas con tu pasión y amor por la música. Cuanto más significativas y genuinas sean tus metas, con mayor naturalidad brotarán de tu interior disposiciones cognitivas, emocionales y conductuales facilitadoras (recuerda el contenido del capítulo 2). Puesto que somos diferentes unos de otros, es necesario que clarifiques por ti mismo cuáles son aquellas metas que despiertan tus auténticos deseos musicales.

Aunque muy a menudo intercambiamos los conceptos de objetivos y metas, las metas hacen referencia a logros a más largo plazo y suelen ser el resultado de una planificación más amplia, que incluye una serie de objetivos conectados entre sí, encaminados precisamente a alcanzar esas metas. Los objetivos implican por el contrario acciones tangibles, específicas y cuantificables, que operamos de diversas formas. Un estudiante de grado superior, por ejemplo, puede tener la meta de entrar en una orquesta como la JONDE, algo que suele aportar grandes dosis de motivación. A partir de esta meta atractiva, su principal objetivo podría ser conseguir el nivel necesario para alcanzarla, lo que iría acompañado de múltiples objetivos o subobjetivos entrelazados (dominar el Mozart, mejorar la lectura a vista, mantener la concentración, controlar mejor los pasajes orquestales ....). Y en sus sesiones de estudio podrán ir surgiendo múltiples objetivos de mejora a partir del nivel en el que se encuentre (mejorar la precisión o afinación de un pasaje, aumentar la velocidad manteniendo la calidad de ejecución ....).

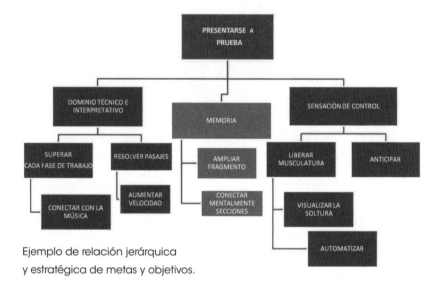

Ejemplo de relación jerárquica
y estratégica de metas y objetivos.

Dependiendo del nivel de desarrollo evolutivo y de las características y circunstancias personales, te encontrarás con metas/objetivos que te resultarán más atractivos y convenientes que otros. Se trata de un universo con múltiples posibilidades con las que incentivar tus energías y desarrollar tus habilidades, y que los profesores deberían tener siempre en consideración. Además de fijarte metas y objetivos, es importante que establezcas un compromiso personal por alcanzarlos. Antes de iniciar la acción musical, comprométete a perseverar y a realizar el esfuerzo que sea necesario para lograrlos. No basta con desear. Haz acopio de energías con el propósito de producir mejoras significativas reales.

Recobrar la conexión con la música

"La música debe servir a un propósito;
debe ser parte de algo más grande que ella, una parte de la humanidad…"
Pau Casals (1876-1973). Cellista.

Como dice el neurólogo Oliver Sacks, en su libro *Musicofilia*: "La música forma parte del ser humano, y no existe ninguna cultura en la que no esté enormemente desarrollada y valorada"[29]. Otros investigadores sostienen incluso que venimos al mundo preparados para disfrutar de la música, y que ésta se encuentra grabada en nuestros genes como consecuencia natural del legado biológico y cultural de nuestros ancestros. La música nos atrae en sí misma y la posibilidad de hacer música, de interpretarla y hacerla llegar a los demás, se convierte en un verdadero privilegio.

- Si sitúas la propia música en la cima de tus metas, configurarás mejor la trayectoria de los objetivos que te acercarán a ella.

- Las metas y objetivos nos aportan sensación de dirección y propósito, y si están bien canalizados hacia la grandeza de la interpretación musical, el recorrido se convierte en fuente de energía y crecimiento.

- Sin embargo, cuando se pierde esta visión y el foco principal se desvía hacia la búsqueda de la perfección imposible, la competitividad insana, o el ejercicio de una autocrítica negativa, las cosas cambian.

- Un exceso de preocupación por la precisión y el control se traduce en un incremento de la tensión muscular, lo que tarde o temprano desemboca en peores resultados y en falta de confianza.

Recuperar el interés genuino por la música, la interpretación o las grandes obras, contribuye enormemente a desbloquear mecanismos que frenan nuestro progreso. Me encantó leer un artículo en el que la pianista Mitsuko Uchida confesaba que su verdadera misión en la música consiste en pensar en cómo ella puede ser útil en la transmisión de las obras geniales de los grandes compositores, en lugar de cómo estas obras le pueden ser útiles a ella[30]. La actitud de esta célebre pianista representa un ejemplo de meta saludable, que favorece la incorporación de múltiples objetivos estratégicos orientados hacia una noble causa. Concretar estos objetivos, visualizarlos, sentir el deseo de conseguirlos y cargar las pilas con el afecto positivo que generan, contribuye enormemente a mantener una motivación elevada.

[29] Sacks, O. (2015) *Musicofilia: Relatos de la música y el cerebro*. Anagrama.

[30] Mateo, A. (2009). Sabia y libre. Entrevista a Mitsuko Uchida. *Revista Scherzo. Núm. 246, pp. 60-63.*

La actuación en público como objetivo

En el contexto del desarrollo de la autorregulación musical en que nos encontramos, actuar en público representa uno de los más potentes activadores. Nutrir la experiencia musical con numerosas ocasiones en las que actúas delante de los demás, supone una forma inteligente y natural de estimular el proceso cíclico en tres fases (previa, realización, reflexión) que nos ocupa. El objetivo puede ser una clase colectiva, un pase delante de compañeros, una audición, una prueba, un concierto social o incluso una grabación de vídeo o audio que después editas con gusto y regalas a alguien. El compromiso de actuación consigue ponerte a prueba y conduce a que:

1. Te motives por obtener un buen resultado musical.
2. Te organices y planifiques mejor.
3. Estudies y te prepares para conseguirlo.
4. Dispongas de experiencias de ejecución en público con las que familiarizarte progresivamente.
5. Ejercites tus mecanismos de control durante la actuación.
6. Evalúes cómo ha ido la experiencia.
7. Establezcas objetivos de mejora para las próximas actuaciones a partir de las reflexiones realizadas: afianzar pasajes o cuestiones concretas, clarificar tus ideas musicales, liberar la musculatura, regular mejor tu nivel de activación ...

Como vimos en el capítulo anterior en relación con el compromiso con nuestro aprendizaje, la actuación es la mejor manera de comprobar si realmente estamos bien preparados o no, y a partir de un análisis posterior a su realización, ir introduciendo mejoras. Mi valoración personal, al menos en el contexto de conservatorios de grado superior, es que las clases que mejor funcionan son aquellas que se mantienen más activas al respecto. Aquellas en las que sus profesores articulan y planifican el curso en función de numerosas ocasiones en las que sus alumnos se comprometen con diversas formatos de actuaciones: pases, simulacros de pruebas, audiciones, conciertos externos e internos, grabaciones, concursos.... Los alumnos disponen de numerosas ocasiones para ponerse a prueba en situaciones reales de actuación, lo que les confiere la oportunidad de conocerse mejor a ellos mismos, identificar sus carencias y ponerse las pilas para la próxima vez. Además, como esto lo hacen muy a menudo, los errores o fracasos ocasionales no son tan dramáticos, sino que se viven como una parte natural del proceso de mejora en el que se encuentran inmersos. Los alumnos descubren con naturalidad que algunos aspectos de su preparación han sido insuficientes cuantitativa o cualitativamente hablando. El ciclo antes, durante y después se repite una y otra vez, y eso evidentemente les ofrece la oportunidad de aprender más, aprender lo importante y en definitiva, obtener mejores resultados.

IDEA OPERATIVA 4-4

Los objetivos bien planteados consiguen aglutinar lo mejor de nosotros mismos hacia logros significativos.

▶ Pregúntate a menudo si tu amor por la música está en lo más alto de la pirámide de tus objetivos.

▶ Selecciona tus objetivos de forma que te conduzcan en la dirección que realmente pretendes.

▶ Comprométete en la consecución de tus objetivos y aprende a establecerlos de forma eficaz.

▶ Ponte como meta u objetivo, actuar a menudo en público. Con ello serás más consciente de tus verdaderas necesidades.

4. Plantear las mejoras como objetivos

Como acabamos de ver, las metas y objetivos bien planteados representan inmejorables incentivos para desarrollarnos en la música. En este contexto se sitúa el anhelo por introducir mejoras en diversos aspectos instrumentales o vocales. Ahora llega el momento de concretar e iniciar un proceso estimulante de acercamiento a logros musicales significativos para ti, y una de las formas de llevarlo a cabo consiste en identificar posibles carencias en tu nivel de dominio instrumental o vocal, y tratar de superarlas. Avanzar de forma estratégica es el lema. Poco a poco puedes ampliar tu rango de acción técnico e interpretativo, si te apoyas en los pequeños logros que vayas cosechando.

A continuación dispones de una propuesta de aspectos, ordenados por categorías, sobre los que puedes incidir y mejorar. El propósito es animarte a que tomes la iniciativa en esta tarea y acrecientes con ello tu capacidad de autogestión y acercamiento hacia tus metas más significativas. Los restantes capítulos te darán más pistas de cómo conseguirlo.

LISTADO DE ASPECTOS DE MEJORA

RELACIONADOS CON LA EJECUCIÓN

- **Interpretación**
  - Dominio de las articulaciones y dinámicas.
  - Direcciones en el discurso musical.
  - Colores y atmósferas del sonido.
  - Creatividad: capacidad para sorprender, enfatizar, distinguir.
  - Captar la esencia de las obras.
  - Coherencia musical.
  - Dar sentido a las notas musicales integrándolas en unidades más amplias.
  - Capacidad comunicativa. Mostrar con claridad y calidad el mensaje.
  - Destacar elementos, motivos, ideas.
  - Diversidad y calidad en el uso del vibrato.

- **Aspectos técnicos**
  - Control y calidad del sonido.
  - Paso del arco, columna del aire, soporte abdominal...
  - Intensidad del sonido sin forzar.
  - Afinación precisa.
  - Ritmo.
  - Emisiones. Ataques.
  - Golpes de arco, picado, articulaciones ...
  - Velocidad y precisión.

RELACIONADOS CON LOS MEDIOS EMPLEADOS

- **Aspectos corporales**

Postura
- Que facilite la producción sonora.
- Que aporte un centro estable.
- Que promueva el equilibrio en la acción musical, tanto al estar sentado como de pie.
- Que no sea ni rígida o estirada, ni demasiado caída.
- Que suponga también un facilitador de la comunicación y de la expresión (evitar movimientos nerviosos, estereotipados o repetitivos).

Posición y funcionamiento de partes concretas o grupos
- Colocación y funcionamiento adecuado de manos, dedos, embocadura... integrados de forma armónica en una buena postura.

Libertad y precisión del movimiento
- Hacer fiable y desarrollar la consciencia corporal.
- Encontrar un equilibrio entre la soltura muscular y la precisión de los gestos o acciones que se realizan.
- Buena coordinación. Que cada parte que interviene en la ejecución, cumpla su función dentro de un todo organizado.

Resistencia
- Que tanto zonas musculares concretas, como el cuerpo en su globalidad, sean capaces de mantener su buen rendimiento por periodos más prolongados.

Respiración
- Que permita una óptima producción sonora en los instrumentos de viento y en el canto.
- Que no suponga un obstáculo para la acción, el movimiento o la buena realización musical.
- Que contribuya a incrementar la consciencia corporal y mental.
- Que favorezca la regulación del nivel de activación.

- **Aspectos psicológicos**
  - Claridad de objetivos. Tener presente qué pretendes conseguir, mejorar.
  - Activar la concentración.
  - Mantener la concentración.
  - Consciencia de ti misma/o.
  - Escucha atenta y precisa: afinación, sonido, ritmo, tempo ...
  - Buena disposición o mentalidad de cara a la actividad.
  - Memoria.
  - Regulación de las emociones.
  - Capacidad de motivación.
  - Confianza en la consecución de los objetivos.
  - Pensamiento estratégico. Búsqueda de procedimientos eficaces.
  - Perseverancia. Insistencia hasta conseguir una mejora concreta.
  - Flexibilidad. Capacidad de adaptación.
  - Aceptación de las circunstancias, de un nivel de activación elevado...
  - Compromiso con los objetivos, con la obtención de mejoras, con el aprendizaje...

En general, te aconsejo que "operativices" las mejoras que pretendas lograr, convirtiéndolas en objetivos concretos. De esta forma comprobarás con mayor claridad cuánto estás progresando. Utiliza tu diario musical para ir implementando mejoras, diseñar un plan de acción, e ir monitorizando tus progresos.

5. Planteamiento estratégico

"La inteligencia es la función que adapta los medios a los fines."
Nicolai Hartmann (1882-1950). Filósofo.

Una vez establecida la meta, el objetivo, o la mejora, es el momento de trazar un plan de acción. Se trata de salvar el desnivel entre el lugar en el que te encuentras y la altura en la que has colocado el listón. Si te lanzas sin reflexión a la tarea de conseguir que te salga un pasaje difícil, estudiar una nueva obra o preparar una audición, descuidarás un buen número de aspectos relevantes y obtendrás peores resultados.

Formularte preguntas como las siguientes, te ayudará enormemente a activar tu maquinaria estratégica:

- ¿Qué necesito para alcanzar esta meta-objetivo (preparar mi próxima audición, tocar afinado un pasaje, flexibilizar el vibrato?
- ¿De qué manera puedo proceder para garantizar al máximo la consecución de este objetivo?
- ¿Cómo secuencio estos pasos para obtener un mejor resultado?
- ¿Con qué fortalezas personales cuento para ello?
- ¿Qué debilidades necesito tener en cuenta y mejorar (hacer música con mayor libertad, mejorar la postura, la concentración, carencias técnicas o musicales concretas)?
- ¿Qué cualidades personales voy a necesitar para dar esos pasos (paciencia, capacidad de autogestión, motivación, aceptación de las dificultades, flexibilidad, persistencia ...)?
- ¿Cómo puedo impedir posibles interferencias (distractores, desorganización, impulsividad o prisas ....)?

Es evidente que dependiendo de la naturaleza de tus objetivo-meta elegirás unos pasos u otros, sin embargo, plantearlo de una forma sencilla y general como la que acabamos de ver, puede ayudarte enormemente. Cuando nos preguntamos cuál es la mejor manera de avanzar hacia una meta, incentivamos nuestra capacidad de pensar en soluciones y nos volvemos más eficaces a través de las experiencias que acumulamos. De alguna manera, los objetivos y la búsqueda de procedimientos de logro nos hacen más "inteligentes".

Peter Gollwitzer, profesor de psicología del la Universidad de Nueva York, cuyas investigaciones se centran precisamente en cómo las personas nos fijamos metas y planificamos su consecución, aporta interesantes conclusiones. Una de los hallazgos de los estudios de Gollwitzer consiste en que las personas solemos tener dificultades en el proceso de transformar las intenciones de consecución de objetivos, en acciones concretas. Por diversas razones fallamos repetidas veces en encontrar un sistema efectivo que nos oriente hacia nuestras metas de forma permanente.

Este reconocido especialista diseñó el concepto de "implementación de las intenciones", que popularmente se conoce como la planificación "if ... then" (si ... entonces)[31]. Si mi objetivo por ejemplo, consiste en permanecer más concentrado durante el estudio, puedo establecer la siguiente contingencia: si me pillo pensando en otra cosa - entonces paro, cierro los ojos, hago un par de respiraciones conscientes y renuevo la importancia de permanecer centrado introduciendo mejoras concretas (ver EM 5.2).

Incorporar estrategias de estudio

Las estrategias de estudio nos conducen a mejores resultados en menos tiempo, y por ello merece la pena contar, en función de nuestras circunstancias particulares, con un buen repertorio de ellas.

La psicóloga Linda Gruson analizó las estrategias utilizadas por pianistas de diferentes niveles académicos y pudo comprobar que los pianistas más avanzados, contaban con un mayor número de estrategias con las que trabajar las obras[32]. Al mismo tiempo éstas eran más elaboradas cognitivamente hablando, lo que sugiere que la práctica deliberada y continuada, amplia tanto la cantidad de estrategias de estudio disponible como su calidad.

Otra referencia interesante al respecto nos la aporta la psicóloga de la música S. Hallam[33]. Después de realizar diversas investigaciones con músicos profesionales en relación con el estudio de nuevo repertorio y con las estrategias generales que empleaban, esta autora sugiere que:

---

[31] Parks-Stamm, E. J. & Gollwitzer, P. M. (2009). Goal implementation: The benefits and cost of IF-THEN planning. In H. Grant & G. B. Moskowitz (Eds.), The big book of goals (pp. 362 - 391). New York: Guilford.

Gollwitzer, P. M. & Oettingen, G. (2012). Goal pursuit. In R. M. Ryan (Ed.),The Oxford handbook of human motivation (pp. 208-231). New York: Oxford University Press.

[32] Gruson, L. (1988). "Rehearsal Skill and Musical Competence: Does Practice Make Perfect?" in *Generative Processes in Music: The Psychology of Performance, Improvisation, and Composition*, edited by John A. Sloboda (New York: Oxford University Press, 1988), 106–107.

[33] Hallam, S. (1995a). Professional musicians' approaches to the learning and interpretation of music. *Psychology of Music, 23* (2)111–128.

Hallam, S. (1995b). Professional musicians' orientations to practice: Implications for teaching. *British Journal of Music Education*,12(1), 3–19.

1. En las etapas iniciales del estudio de una nueva obra, la mayoría de los músicos tiende a obtener una visión general de la música que tienen intención de aprender.
2. Esta tarea depende en gran medida de su habilidad en desarrollar una representación interna de la música, a través del mero examen de la partitura.
3. La estructura de la música determina cómo es dividida en secciones para el estudio.
4. Cuanto más compleja es la música, más reducidos son los fragmentos.
5. A medida que progresa el estudio los fragmentos se agrandan.
6. Aparece una estructura jerárquica, en la que las nociones del intérprete son gradualmente integradas en un todo coherente.
7. Existe una gran diversidad en cuanto a cómo estudian los músicos.

Si amplias tu abanico de estrategias de estudio te sentirás con más recursos para afrontar con éxito tus objetivos musicales. A continuación dispones de un amplio listado de estrategias clasificadas por apartados. Su cometido consiste en motivarte a que incorpores aquellas que más te puedan convenir, e incluso que diseñes las tuyas propias. No son todas ni mucho menos, pero pueden servirte de orientación.

- **Conocer mejor la obra**
  - Analizar la obra antes de tocarla.
  - Escuchar y comparar diferentes versiones.
  - Leer y estudiar mentalmente la obra.
  - Realizar un mapa o gráfico de la obra destacando sus conexiones (ver EM 8.2).

- **Dominar el material y solucionar problemas**
  - Dividir la pieza en "áreas de trabajo" asumible.
  - Seleccionar las partes que requieren de mayor trabajo.
  - Alterar el ritmo con el fin de ejercitar la dificultad de diversas formas.
  - Simplificar la dificultad, trabajar por componentes e ir integrándolos progresivamente.
  - Secuenciar las tareas y esperar a que se consoliden ciertos aprendizajes.

- Probar diferentes soluciones de un problema.
- Cambiar la posible solución del problema.
- Empezar de atrás a adelante.
- Desarrollar ejercicios basados en partes de la obra.
- Acudir a material con el que ejercitar determinadas dificultades.
- Bajar o subir la velocidad.

• **Activar y mantener la concentración**
  - Mantenerse activo fijando y tratando de obtener mejoras.
  - Comprobaciones constantes relacionadas con la calidad de la ejecución.
  - Eliminar distractores.
  - Establecer objetivos a corto, medio y largo plazo.
  - Establecer objetivos específicos.
  - Preactivar la mente para obtener mejoras (visualización, escribir los objetivos, establecer un compromiso con la consecución de los objetivos).

• **Integrar los elementos musicales**
  - Pases mentales con el fin de unir partes de la pieza como un todo.
  - Escuchar y comparar diversas versiones.
  - Ejercitar la continuidad del discurso musical incorporando progresivamente más secciones en la ejecución.

• **Fortalecer la memoria**
  - Estudiar mentalmente.
  - Analizar la partitura.
  - Establecer claves contextuales en la obra.
  - Crear mapas mentales de la obra.
  - Ejercitar la relajación con el fin de realizar mejor los procesos mentales responsables de la adecuada memorización.

• **Mantener una buena disposición corporal**
  - Realizar una selección individualizada de estiramientos previos.
  - Practicar la posición de descanso constructivo (ver EM 5.1).
  - Realizar dinámicas para incrementar la consciencia corporal incluyendo la utilización de un espejo (ver EM 6.5).

- Analizar los gestos y patrones de movimiento o acción y grabarse a menudo en video para comprobar su adecuada realización.
- Planificar pausas con el fin de no agotar innecesariamente la musculatura.
- Practicar una técnica corporal (técnica Alexander, Feldenkrais, Método Trager, Yoga...)

• **Regular el nivel de activación (ver capítulo siguiente)**
- Realizar respiraciones abdominales conscientes, en las que la espiración dura más tiempo que la inspiración (para reducir el nivel de activación).
- Visualizar las metas más significativas, junto con el uso de autoafirmaciones que estimulen la motivación y el compromiso (para aumentar el nivel de activación).

• **Activar y mantener la motivación**
- Fijarse metas atractivas y significativas.
- Diseñar objetivos relacionados con esas metas.
- Utilizar un diario en el que recopilar los logros obtenidos.
- Leer entrevistas y biografías de grandes intérpretes o músicos.
- Estar en continuo contacto con buenas versiones.
- Mejorar la sensación de autoeficacia mediante un ajuste del nivel de dificultad o de la cantidad del material de trabajo.

IDEA OPERATIVA 4-5

No es suficiente con fijarse metas y objetivos, necesitamos encontrar procedimientos eficaces para lograrlos.

▶ Formúlate a menudo preguntas encaminadas a pensar en cómo alcanzar un objetivo concreto.

▶ Amplia el rango de estrategias de estudio de que dispones y sobre todo, empléalas de forma adecuada, es decir, supervisando su buena realización.

A pesar de que todavía no nos encontramos en plena fase de trabajo o realización, muchos procesos internos ya se encuentran en marcha. Antes de empezar la actividad musical, hacemos acopio de aquellos recursos que nos conectarán más con la apasionante tarea de construir interpretaciones satisfactorias. En el siguiente capítulo seguiremos con ello, en particular, engrasando nuestra maquinaria cuerpo-mente al servicio de múltiples mejoras.

RESUMEN DEL CAPÍTULO 4

■ Antes de realizar la actividad musical nos ocupamos de aquellos aspectos que contribuirán a que el trabajo sea más productivo.

■ Responsabilizarnos del lugar donde vamos a hacer música genera una buena disposición para el estudio.

■ La planificación del estudio o de las metas, contribuye a identificar nuestras necesidades reales y a organizar mejor nuestros recursos.

■ Clarificar por adelantado las características que configuran la excelencia musical, contribuye a obtener mejores resultados en la fase de realización posterior.

■ Las metas y los objetivos sirven para orientar nuestra motivación y nuestros recursos internos hacia logros musicales significativos.

■ Identificar posibles carencias o necesidades y "operativizarlas" en forma de objetivos, representa una forma efectiva de incrementar el rendimiento.

■ Ser estratégicos en la consecución de estos objetivos implica reflexionar e incorporar los procedimientos que resulten más eficaces para ello.

ESTRATEGIAS DE MEJORA

Esta sección del libro tiene como cometido ejercitar y desarrollar los contenidos que vamos tratando. Elige aquellas que consideres más útiles y compleméntalas a medida que avances en los capítulos.

EM 4.1 - DIARIO MUSICAL DEL ESTUDIO Y DE LAS ACTUACIONES

Disponer de un diario musical en el que reflejar una gran diversidad de información y reflexiones, puede resultar una estimulante forma de desarrollar tu autorregulación personal. Cuando reflejas por escrito tu conducta, opiniones, dudas, objetivos y reflexiones, te haces más consciente de tu recorrido musical y contribuyes enormemente a emprender mejoras.

A continuación dispones de algunas sugerencias con las que enriquecer tu diario. Puesto que se trata de una labor muy personal, quédate con aquellas que te más te interesen.

- Formular tus objetivos a corto, medio y largo plazo.
- Reflexiones sobre cómo alcanzar esos objetivos.
- Observaciones sobre tus pensamientos, emociones y acciones relacionados especialmente con tu actividad musical.
- Reflexiones propias sobre posibles mejoras en relación con estos tres componentes.
- Listado de tareas a realizar y ponderación del tiempo a dedicar.
- Registros y valoraciones de las tareas realizadas.
- Preguntas relacionadas con las diversas fases de tu aprendizaje: antes, durante y después de tu estudio.
- Registros y comentarios de grabaciones de audio o vídeo de tu estudio, de tus actuaciones y de otras circunstancias.
- Observaciones y reflexiones sobre tus resultados y los medios empleados.
  - Cómo ha ido la sesión de estudio
  - El trabajo de un pasaje concreto.
  - Cosas a mejorar mañana.

- Gráficos que te hagan visualizar mejor tu progreso, tus pensamientos, tus objetivos.
- Reflexiones personales sobre temas de interés: la competitividad en la música, si es medible la valía artística ...
- Frases célebres de grandes intérpretes, compositores, artistas o pensadores que te inspiren.
- Observaciones de en qué momento del día sueles tener mejores sensaciones para estudiar.
- Anotaciones y comentarios sobre tus clases.
- Fotografías tuyas en momentos importantes, o de personas relevantes para ti.
- Listado y comentarios sobre la escucha de obras musicales, y de diferentes versiones de una misma obra.

EM 4.2 - ORGANIZADOR DIARIO DEL ESTUDIO

Confeccionar un "planning" de trabajo diario te ayudará a organizarte mejor y a no dejarte aspectos importantes de lado. A continuación dispones de una propuesta estructurada por apartados que puedes tomar como referencia, aunque te invito a que confecciones la tuya propia. Ten presente las observaciones que hemos comentado en el capítulo.

Calentamiento (en función del instrumento)
- Estiramientos o ejercicios que despierten la consciencia corporal.
- Ejercicios de flexibilidad del labio, vocalizaciones...

Técnica
- Revisión de cuestiones básicas (ver capítulo 7).
- Práctica de escalas, arpegios, ...
- Estudios o selección de fragmentos de estudios.
- Reeducación de algún aspecto corporal o técnico, si fuera necesario (ver capítulo 7).

Material de lectura
- Avanzar con el nuevo material.
- Lectura mental y análisis de la estructura musical.

- Cuidar la disposición corporal y mental en la lectura, utilizando tempos que permitan integrar todos estos aspectos.

Pasajes
- Introducción progresiva de mejoras.
- Construcción de un dominio sólido.
- Empleo y buena gestión de estrategias de trabajo.
- El tamaño de los pasajes suele ser más reducido en las etapas iniciales de estudio de una obra y va ampliándose con el tiempo por el efecto de la práctica.
- Empleo de organizadores gráficos, si fuera necesario. Contribuyen a gestionar mejor el proceso de estudio, especialmente en pasajes difíciles (ver capítulo 7).

Desarrollo técnico e interpretativo
- Trabajo de la obras, integrando elementos de calidad en secciones cada vez más amplias.
- Profundización en la comprensión musical.
- Incremento adecuado de la velocidad.
- Estudio mental.
- Memorización, si fuera necesario.
- Conectar el trabajo que se realiza con la ejecución en público.

Preparación actuaciones
- Entrenamiento de la focalización en la interpretación.
- Entrenamiento de la continuidad y de la resistencia.
- Visualizaciones de las cualidades que se pretende que estén presentes en las actuaciones.
- Pases del material de actuación a una persona, o grupo.
- Grabaciones de vídeo programadas (una vez por semana).

Complementos
- Escribir en el diario musical (fijación de objetivos, empleo de estrategias, valoración de resultados o procedimientos ....).
- Ver, escuchar y analizar versiones en YouTube, Spotify ...
- Practicar una técnica corporal (técnica Alexander, Feldenkrais, método Trager, Yoga ...) o meditar.

- Lecturas sobre cuestiones musicales, artísticas, educativas, psico-lógicas.

Abajo dispones de una plantilla en la que reflejar tus tareas musicales a partir de tus necesidades y circunstancias personales. Concreta en cada apartado qué es lo que vas a trabajar. Anota también el tiempo aproxi-mado que quieres dedicar a cada apartado, y cualquier observación que consideres de utilidad.

ORGANIZADOR DIARIO DEL ESTUDIO	TIEMPO	OBSERVACIONES
Calentamiento		
Técnica		
Material de lectura		
Pasajes		
Desarrollo técnico-interpretativo		
Preparación actuaciones		
Complementos		

EM 4.3 - COLECCIONA MODELOS DE CALIDAD

Con el fin de ayudarte a establecer un criterio de calidad inspirador y motivador te aconsejo que acudas a internet y entres en contacto con grandes interpretaciones. Ellas te aportarán modelos e ideas con los que configurar las características a las que concedes valor.

Un ejemplo de interpretación que en mi opinión reúne muchas de estas cualidades, es el fragmento de un vídeo promocional de la Orquesta Filarmónica de Berlín del comienzo del tercer tiempo del Concierto para violín y cello de J. Brahms, interpretado por Lisa Batiashvili y Truls Mørk, con la O. F. de Berlín dirigida por Simon Rattle.

https://www.youtube.com/watch?v=kjnlAN3eMpI

- Crea tus propias carpetas en YouTube en la que incorporas tus vídeos favoritos.
- Asistir a conciertos de calidad, además de suponer un motivador extraordinario, también te aportará modelos de interés con los que seguir expandiendo y enriqueciendo tu canon de excelencia musical.
- No te limites a solistas de tu propio instrumento, se aprende y disfruta enormemente de la diversidad de repertorio y de propuestas que ofrece el amplio universo de la interpretación musical.

EM 4.4 ACTIVA LAS MEJORAS

Haz una lista con todos los aspectos que te gustaría mejorar con tu instrumento o con tu voz. Puedes agruparlos por categorías como en los ejemplos de abajo. También puedes hacer una lista para las mejoras en tu estudio y otra para las actuaciones en público.

Mejoras en el estudio

Aquí dispones de diversos ejemplos.

Técnicos	El picado. La articulación. El sonido. Las dobles cuerdas.

Musicales	El fraseo. Las dinámicas. Decir algo interesante.
Físicos	La postura. Colocación de una parte del cuerpo (mano, embocadura). Liberar las tensiones. La respiración.
Psicológicos	La concentración. Claridad de objetivos. Ser más positivo. La memoria. La actitud.

Escribe aquí alguna de las mejoras que pretendas conseguir en el estudio.

Técnicos	
Musicales	
Físicos	
Psicológicos	

Mejoras en las actuaciones

Aquí dispones de diversos ejemplos.

Técnicos	Pasar más arco. Soltar más aire. Más sensación de control.
Musicales	Ser capaz de comunicar. Trasmitir. Hacer más música.

| Físicos | Soltar la tensión en la mandíbula, caja torácica, hombros. |
| Psicológicos | Más concentrado en mi tarea como intérprete, en lugar de preocupado. |

Escribe aquí alguna de las mejoras que pretendas conseguir en el estudio.

Técnicos	
Musicales	
Físicos	
Psicológicos	

- Formula las mejoras en afirmativo. Ejemplo: en lugar de decir no tensarme al tocar o cantar, sustitúyelo por tocar o cantar son soltura.
- Ordénalas por orden de relevancia para ti.
- Céntrate inicialmente solo en una:
  - Escribe en un papel o en tu diario musical la mejora concreta que quieres obtener.
  - Describe con tus palabras en qué consiste. Visualízate a ti mismo tocando o cantando con esa mejora incorporada.
  - Conecta emocionalmente con tus ganas de conseguir esa mejora.
  - ¿Qué aspectos relacionados con esta mejora debería tener en cuenta (corporales, técnicos, psicológicos, musicales)? Ejemplos: *Si libero tensión muscular innecesaria, consigo sacar un mejor sonido. Si estoy más concentrado, me doy más cuenta de lo que no está funcionando bien y puedo corregirlo*

- ¿Qué pasos se me ocurren por el momento para mejorar este aspecto?
- ¿Qué necesito hacer para dar esos pasos?

EM 4.5 PLANIFICA TUS MEJORAS

Diseñar un "planning" para abordar las mejoras que quieres emprender te ayudará a ser más efectivo. Puedes valerte de esta propuesta con el fin de ordenar y concretar tu práctica y complementarla con la anterior.

• **Establece un criterio de cumplimiento**
  - ¿Cuándo estará conseguida la mejora? ¿Qué características tendría esta acción bien realizada?
  Ejemplo. Cambios de registro en el clarinete: continuidad en el sonido en las notas del cambio de registro. Movimientos de dedos y manos precisos y con soltura.

• **Céntrate en la buena realización de la tarea**
  - Utiliza una velocidad que te permita controlar el proceso.
  - Conecta y supervisa la acción sonora y la corporal.
  - Opera sobre la acción hasta que consigas tener una buena sensación de control.
  - Realiza leves pausas para secuenciar mejor la serie de subacciones que la componen.

• **Comprométete a realizar 5 sesiones de trabajo breves** en las que trabajar en tu mejora concreta.

• **Grábate posteriormente en vídeo** realizando esa acción concreta. Comprueba los resultados y toma esa información para seguir introduciendo mejoras.

A continuación dispones de una plantilla para reflejar por escrito tu progreso. Apunta el día que realizas la práctica, evalúa el nivel de satisfacción con el resultado de cada una (bajo-medio-alto), el material sobre el que has practicado, y cuándo vas a realizar la siguiente sesión de práctica de este aspecto concreto. Después de cada bloque de 5 sesiones, grábate en vídeo y evalúa cómo ha ido la experiencia. Si lo consideras oportuno incorpora otro bloque de 5 sesiones e integra estas acciones concretas en pasajes más amplios, comprobando en cada ocasión su buena realización.

	DÍA	MATERIAL	EVALÚA EL RESULTADO	SIGUIENTE SESIÓN	
ASUNTO:				CUÁNDO	OBJETIVOS
1					
2					
3					
4					
5					
GRÁBATE Y EVALÚA TU EXPERIENCIA					

5

DISPONER EL CUERPO Y LA MENTE PARA HACER MÚSICA
Fase previa 2

En este segundo apartado de la fase previa nos centraremos en preparar convenientemente la mente y el cuerpo para la acción musical.

1. Disponer el cuerpo

"Dar un paso no consiste solamente en mover una pierna,
sino en la actividad neuromuscular integral del movimiento,
lo que incluye la globalidad del cuerpo."
Charles Sherrington (1857-1952). Premio Nobel de medicina y fisiología.

En nuestro recorrido por la obtención de mejoras musicales nos interesa acudir a la esencia y sentar una buena base a partir de un óptimo funcionamiento corporal y psicológico. El cuerpo y la mente se encuentran interconectados en una sinergia admirable que debemos respetar y fomentar. Una postura sana y dinámica, por ejemplo, influye positivamente en la atención y en la motivación, y al mismo tiempo, una actitud positiva y constructiva estimula una mejor disposición corporal.

Aunque en este primer apartado nos centraremos en el plano corporal, es importante que en todo momento dispongas del mapa completo que conforma tu implicación en la música. Antes de ponerte en marcha en tus tareas musicales, el esquema que aparece a continuación te recordará aquellos componentes esenciales que te interesa tener presente. Contemplar a la persona global (mente-cuerpo) contribuye a responsabilizarnos más de nosotros mismos y a valorar nuestra riqueza como "seres musicales".

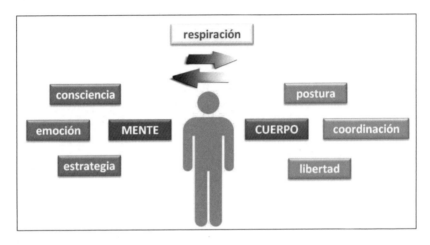

La cuestión corporal

¿De qué forma podemos incidir positivamente en la actividad musical que estamos a punto de realizar? ¿Hasta qué punto es responsable nuestro cuerpo en la realización de ejecuciones satisfactorias? La libertad y precisión que caracteriza a los grandes intérpretes nos produce admiración, porque en ellos lo difícil parezca sencillo.

Cuando al hacer música respetamos la posición y el movimiento natural, generamos unas excelentes condiciones para disfrutar de la actividad interpretativa. Solo trabajan los músculos precisos para la acción musical que llevamos a cabo, y además lo hacen en su justa medida. El cuerpo forma una unidad donde cada parte cumple con economía su función dentro de un todo organizado.

Al margen de la sensación de naturalidad y equilibrio que produce, las consecuencias de hacer música con una postura sana y movimientos libres son considerables para la salud:

- Las articulaciones, tendones y ligamentos dejan de recibir una presión excesivas, gracias al mejor funcionamiento de los músculos.

- Los músculos no se sobrecargan por una indebida utilización.
- La columna vertebral mantiene un mejor estado al encontrarse mejor posicionada, y la respiración se libera y amplía de forma natural.
- El mejor uso corporal previene demás de un gran número de dolencias relacionadas con la actividad musical y contribuye a disfrutar de una vida musical más placentera a largo plazo.

La adaptación natural

El rendimiento musical mejora cuando sustituimos posturas limitadoras, tensiones musculares innecesarias y movimientos desordenados, por una acción más natural. En pasajes rápidos y difíciles, por ejemplo, el exceso de tensión muscular obstaculiza el movimiento preciso de los dedos. Al activar mecanismos que dificultan una buena realización, nosotros mismos ponemos en el camino más obstáculos de los ya existentes. El resultado suele ser un pasaje inseguro y tenso, que se tambalea con facilidad a la hora de tocarlo en una clase, en una audición o en un concierto.

- En tus manos se encuentra la posibilidad de crear las condiciones idóneas para que cuando inicies tus sesiones de estudio, tu cuerpo se encuentre dispuesto satisfactoriamente.
- Si sientas las bases de una postura sana y dinámica, en consonancia con movimientos naturales y eficaces, facilitarás la obtención de mejoras significativas.
- El asunto clave consiste en que el control que ejerzas sobre la música deje de ser rígido, y se transforme en fluido y natural.

En relación con las cuestiones corporales y el rendimiento, la capacidad de adaptación a partir de la diferente fisiología y circunstancias personales del músico, supone un aspecto a tener en cuenta. Hay violinistas que tienen el cuello considerablemente más largo que otros, o la disposición de los dientes es muy diferente entre clarinetistas. Todo ello influye en la ejecución. En el ámbito del piano, las pequeñas manos de intérpretes como Maria João Pires o Vladimir Ashkenazy, no son comparables con las legendarias manos gigantescas de Sergei Rachmaninoff

o los estilizados dedos que tenía Vladimir Horowitz. La adaptación inteligente en función de las características físicas individuales, representa
un valioso ejemplo de autorregulación y gestión personal en la actividad musical. Si desarrollas la habilidad de hacer el mejor uso posible de
las singularidades corporales con las que cuentas, obtendrás mejores
resultados.

El gran pedagogo del piano H. Neuhaus, profesor entre otros de S.
Richter, E. Gilels y R. Lupu, fue muy claro cuando se le instaba una y
otra vez a definir cuál era la posición correcta de las manos sobre el teclado. Para Neuhaus, la mejor posición de la mano es aquella que permite ser modificada con la mayor rapidez y facilidad[34]. Lejos de ofrecer
una descripción minuciosa de una determinada posición de la mano o
de los dedos, Neuhaus habla de la cualidad primordial de la posición,
es decir, su adaptabilidad para conseguir la eficacia en la acción.

Los percusionistas necesitan una admirable capacidad de adaptación corporal
y mental a los diversos instrumentos que ejecutan. Encontrar en todos ellos una
equilibrada disposición que aporte ventajas mecánicas, supone todo un reto.

---

[34] Neuhaus, H. (1987). *El arte del piano*. Real Musical.

Dos grandes apartados

En la fase previa a la acción en la que nos encontramos, nos interesa incidir en dos elementos esenciales y complementarios relacionados con la cuestión corporal: la consciencia corporal y la postura. Aunque es en la fase de realización cuando necesitarás supervisar si realmente están funcionando adecuadamente, ahora es el momento de clarificar estos dos aspectos y establecer un criterio de buen funcionamiento.

Consciencia corporal
Incluye las sensaciones que llegan de nuestros músculos y del mundo interior de nuestro cuerpo (sentido cinestésico). Las sensaciones corporales internas nos aportan:
- Información de la postura.
- Localización de las distintas partes de nuestro cuerpo.
- Información para coordinar los movimientos que realizamos.
- Conocimiento del grado de tensión muscular, ya sea en reposo o en movimiento.

Trabajo de consciencia de
las sensaciones internas
de la embocadura.

Esta información es vital para detectar cuándo utilizamos indebidamente el cuerpo en el proceso de consecución de nuestros objetivos musicales.
- Si no atiendes a sus señales puedes pasar un buen rato de tu actividad musical constriñendo las cuerdas vocales, el cuello o la espalda, lo que te conducirá a consecuencias no deseadas.
- Cuando no escuchamos con precisión lo que los músculos nos dicen, tanto el bienestar como el rendimiento se reduce con el tiempo.
- Si desarrollas tu consciencia corporal serás más capaz de desarrollar un control fluido sobre ti mismo en la actividad musical (ver EM 5.1.)

El pianista Juan Pérez Floristán, que nos habló de su experiencia con las emociones en el capítulo 2, nos comenta ahora interesantes aspectos relacionados con la consciencia corporal y personal.

La consciencia corporal de los músicos es fundamental. Que el cuerpo influye en tu estado de ánimo, eso está más allá de toda duda. No solo por una mera cuestión de salud corporal para llegar a una edad más avanzada pudiendo tocar sin destrozarte el cuerpo, sino que también te ayuda a tener una relación sana contigo mismo, con tu cuerpo. Tocar un instrumento musical posee un gran componente cinético, casi de danza, de moverte con el propio instrumento.

La consciencia corporal te permite canalizar mucho mejor tus energías. Si no es así, posiblemente estés adoptando una inadecuada posición corporal o un uso de tu cuerpo, de tu muñeca, de tu codo, de miles de cosas ... y pueden salir mal. Si no eres consciente, estás utilizando el doble de fuerza de la que tendrías que usar.

El yoga va al núcleo de ti mismo, la consciencia, la regulación emocional, la respiración, calmar los ritmos de tu pensamiento. Cuando practico yoga consigo tener un silencio mental, no solo externo, sino también interno. Y eso te ayuda no solo a relajarte y a hacer un stop en tu vida, sino a conocerte mejor a ti mismo.

El pianista Juan Pérez Floristán.

La postura

Tu postura debería reflejar una actitud general dinámica y dispuesta a la acción. Más que imitar una "postura correcta", se trata de orientar el cuerpo en una buena dirección, de forma que el resultado aporte bienestar en la interpretación musical, así como ventajas mecánicas.

- La clave de una buena postura se encuentra en aprender a dirigir la globalidad de nuestro cuerpo desde nuestra consciencia y pensamiento, de un forma suave y clara al mismo tiempo.
- A partir de una buena colocación de los elementos de apoyo (pies si estamos de pie e isquiones si estamos sentados), liberamos la tensión muscular innecesaria y dirigimos con suavidad la cabeza hacia arriba, produciendo una elongación natural en el torso, al mismo tiempo que el pecho y los hombros quedan sueltos y abiertos.

APERTURA
Estimula la apertura natural de tus hombros y de tu espalda

LIGEREZA
No fuerces la postura, libera tu cuello y guía con suavidad tu cabeza hacia arriba

CUERPO-MENTE
Siente tu cuerpo y dirígelo desde tu mente

OBSERVACIÓN
Desarrolla tu capacidad de observar tu postura, interna y externamente

Algunas consideraciones relacionadas con la postura.

Cuidar la postura es una tarea personal que nadie puede hacer por ti mismo y que encaja muy bien en el contexto de la autorregulación, que es nuestro hilo conductor.

- El primer paso en el camino hacia una postura sana comienza por conocerte un poco más, siendo consciente de cómo sueles colocarte en tu vida cotidiana, y especialmente cuando haces música.
- A partir de ahí comienza tu trabajo personal consistente en sustituir poco a poco, una actitud corporal limitadora, por otra que te aporta mayores ventajas[35].
- Motívate pensando en los enormes beneficios que puedes obtener la realización de tu actividad musical, gracias a una buena postura:
  - Una coordinación corporal mejorada.

---

[35] Conable, B. (2012). *Lo que todo músico tiene que saber sobre el cuerpo*. Laertes.

- Respiración natural durante la ejecución.
- La sujeción integrada del instrumento.
- Ventajas mecánicas y libertad de movimientos musicales.
- Facilita la producción y el control del sonido.
- Promueve la expresión y comunicación musical natural en lugar de hacerlo de forma estereotipada.
- Incrementa la atención en las tarea tareas musicales.
- Suscita motivación y disposición positiva para la acción.
- Genera disfrute corporal al hacer música.

Si te interesa profundizar sobre las cuestiones corporales, te invito a leer mis libros *Optimiza tu actividad musical* y *Técnica Alexander para músicos*.

IDEA OPERATIVA 5-1

Establecer de antemano una disposición corporal que propicie una actividad musical satisfactoria, aporta innumerables ventajas.

❭ Desarrolla tu consciencia interna con el fin de contar con información, tanto de tu nivel de tensión muscular, como de la posición del cuerpo.

❭ Antes de intentar mejorar tu postura, clarifica en qué consiste una postura sana.

❭ Cuida tu postura mediante un trabajo continuado de sustitución de actitudes corporales limitadoras, por otras más saludables.

2. Disponer la mente

"Aunque tiendo a estudiar todos los días, es más una función de elección diaria, un tipo de proceso de auto-renovación, más que un enfoque lleno de culpa donde si no estudio me sentiré mal por eso."
Peter Serkin. Pianista

Antes de comenzar cualquier actividad musical, tu interior debe quedar claramente orientado hacia su buena realización. Sin dejar por completo lo corporal, ahora es el momento de incidir sobre tu propia mente, dejando trazadas las directrices principales de tu funcionamiento.

Conectar con las experiencias previas

Nuestro interior alberga infinidad de experiencias y conocimientos implícitos. Si los movilizamos convenientemente podemos obtener grandes beneficios (ver EM 5.3). Esto incluye aspectos como:

* Qué procedimientos de trabajo suelen darte mejores resultados.

* Qué tendencias aparecen repetidamente que perjudican tu buen funcionamiento: tiendo a repetir sin analizar las dificultades, tiendo a no hacer pausas, a menudo no tengo en mente lo que quiero conseguir, paso por alto que tenso mucho la muñeca, tiendo a engancharme con pasajes que no me salen o con aspectos tontos y pierdo mucho tiempo...

* Ser consciente de en qué momento del día sueles estar más fresco para estudiar.

En el planteamiento cíclico del modelo de mejora que estamos empleando, la fase previa en la que nos encontramos también incluye las observaciones y conclusiones de la fase de reflexión, en las que nos centraremos en el capítulo 9. Si analizas las experiencias pasadas (la sesión de estudio de ayer, una audición o una clase), dispondrás de pistas con las que afinar la puntería. Gracias a tomar consciencia de este conocimiento, podrás ajustar mejor aspectos como el establecimiento de objetivos, la planificación o las estrategias que emplees para trabajar.

Una eficaz ayuda para conectar mejor con tus experiencias previas, lo representa la lectura de los comentarios o de la información que vayas volcando en tu diario musical. En él encontrarás entradas de hace semanas o meses que quizá hayas olvidado, pero que pueden representar una valiosa pista para abordar mejor una cuestión actual. Como vimos en la EM 4.1, en tu diario musical también puedes incluir gráficos o esquemas que contribuyan a que seas más consciente de diversos aspectos de tu experiencia musical (esquema con una jerarquía de objetivos y subobjetivos, gráficos que hacen visible la aproximación a tus objetivos, tormenta de ideas sobre cuestiones concretas...).

Preactivar la mente

"Para mí, el mejor estudio se da cuando tengo que lograr una tarea práctica. Si soy capaz de conseguirla, entonces he tenido un buen día de trabajo."
Ivo Pogorelich. Pianista.

Nuestros recursos de atención son limitados y necesitamos optimizarlos al máximo. Antes de empezar a tocar o a cantar nos interesa "preactivar" la mente con objetivos significativos. Si lo haces, cuando te encuentres en plena actividad tenderás a focalizar la atención en ellos, ignorando aquello que no sea relevante. Si antes de empezar a estudiar te comprometes diariamente con la búsqueda de la excelencia, tus recursos estarán listos para actuar, identificarás con mayor claridad aspectos susceptibles de mejora y te encontrarás en mejor disposición de aportar soluciones.

En YouTube dispones de un vídeo muy sugerente en relación con la conveniencia de "preactivar" la mente ante la búsqueda de la calidad musical. En él puedes observar al gran flautista Emmanuel Pahud tomándose un tiempo considerable antes de interpretar la obra *Syrinx* de Claude Debussy, en la sala de conciertos de la Filarmónica de Berlín[36]. Desde el primer sonido, cada nota está cuidada e integrada en unidades que conforman un discurso musical contado de forma admirable. Para llegar a una ejecución de una calidad de estas características, el propio Pahud necesita "preactivar" al más alto nivel sus recursos: deseo de excelencia musical, una definida representación mental de lo que quiere conseguir, autorregulación mental y corporal de sí mismo antes y durante la ejecución ...

Las investigaciones muestran que los estudiantes de cualquier disciplina, incluidos los músicos, tienden a obtener mejores resultados cuando disponen de objetivos más definidos y específicos. Si a menudo te preguntas qué es lo que quieres conseguir o mejorar, estarás activando la maquinaria prodigiosa de consecución de objetivos que es nuestra mente, filogenéticamente diseñada para ello.

En esta tarea las preguntas cumplen una fructífera misión activadora:
- ¿Qué es importante en esta sesión de estudio?

---

[36] https://www.youtube.com/watch?v=YEyKM13yf_4

- ¿Qué pretendo conseguir?
- ¿Cuánto deseo conseguir esto?
- ¿Qué quiero mejorar? ¿Qué puedo mejorar hoy?
- ¿Qué puedo tener en cuenta hoy que no tuve en cuenta ayer?
- ¿Qué me interesa mejorar a ahora, a partir de donde me encuentro?

Escribir o visualizar las líneas maestras de lo que pretendes conseguir en la sesión de estudio, permitirá que lleguen mejor a tu subconsciente. Cuanto más conectes emocionalmente con tus intenciones, más incentivarás también que emerjan después, cuando estés en marcha.

Además de los objetivos, también te interesa "preactivar" la disposición de trabajar de forma efectiva. Planificar el recorrido te ayudará a ello. Antes de comenzar a tocar o a vocalizar, merece la pena dedicar una mínima reflexión a plantear a grandes rasgos los pasos que vas a dar. Esto es válido tanto al comienzo de tus sesiones de estudio, como durante. Somos más eficaces cuando seleccionamos y empleamos aquellos procedimientos o estrategias que nos ofrecen más garantías de alcanzar buenos resultados.

• Si pretendes obtener mejoras, necesitas canalizar tu esfuerzo mediante una práctica deliberada.

• Si renuevas tu compromiso personal con la calidad del estudio antes de comenzar tus sesiones de práctica, dispondrás también de un oportuno salvavidas después, si en algún momento de tu trabajo flaquea tu concentración o tus ganas. El compromiso adquirido contigo mismo, incentivará el esfuerzo que se requiere para enderezar la situación.

La pianista Noelia Rodiles, solista y profesora del piano en el Conservatorio Superior de Música de Aragón, reflexiona sobre la importancia de diversos aspectos antes de llevar a cabo el estudio. En el capítulo siguiente nos hablará de tres interesantes estrategias que utiliza durante sus sesiones de trabajo.

Por supuesto para una buena sesión de estudio es importante una buena planificación. Fijarse objetivos realistas y organizar bien el repertorio a trabajar y los problemas que se quieren resolver. Pero aparte de estos factores hay otros que son igual de importantes o incluso más. Estos son la relajación y la concentración, y en mi experiencia, la clave de ello está en una buena respiración.

Antes de estudiar hago estiramientos generales, intentando llegar a un estado de concentración de cara al estudio. No se trata solamente de poner los músculos en situación, sino de preparar la mente para el ejercicio que vamos a realizar. Respiraciones largas ayudan a sentir que todo el cuerpo se prepara para el ejercicio, tanto física como mentalmente. Trato de evadir pensamientos externos, y pensar ya sólo en lo que quiero conseguir con la jornada de estudio.

La pianista Noelia Rodiles.

IDEA OPERATIVA 5-2

Nuestra mente realiza mejor sus funciones si "preactivamos" nuestra disposición por alcanzar objetivos o mejoras.

▶ Antes de realizar tu actividad musical toma consciencia de si realmente tienes en mente tu deseo de hacer un buen trabajo (metacognición).

▶ Conectar a menudo con tus deseos de alcanzar la excelencia musical, facilita una mejor disposición para el estudio.

Advertir la conexión cuerpo-mente

"Es una buena idea no abrir siquiera el estuche de la trompa hasta que estés listo mental y emocionalmente para hacer que el primer sonido que toques sea hermoso y convincente.
Si no estás en ese espacio mental antes de comenzar, ninguna cantidad de 'calentamiento' físico te llevará hasta allí." [37]
Fergus McWilliam. Trompa de la Orquesta Filarmónica de Berlín.

Cuando nos encontramos estudiando, estamos tan absortos en la consecución de resultados musicales, que solemos pasar por alto el transvase continuo mente-cuerpo. Después de pasar un cuarto de hora repitiendo con desorden y tensión un pasaje difícil, es posible hasta que nos sorprenda el posterior dolor en un brazo o en la nuca y nos preguntemos desconcertados: ¿por qué me duele? ¿y por qué ahora me sale peor que al principio? Es evidente que la falta de consciencia corporal, una mentalidad rígida, prisas excesivas, u objetivos mal planteados, influyen nocivamente tanto en el rendimiento como en la salud. En la interpretación musical, el tándem mente-cuerpo representa una unidad operativa esencial.

Nuestro cuerpo es muy sensible a nuestros patrones de pensamiento dominantes.

- La falta de confianza derivada de una excesiva preocupación por los errores, por ejemplo, nos lleva a asumir un control corporal rígido, caracterizado por una excesiva tensión muscular, que a su vez influye en la calidad del sonido y en la propia interpretación.
- Hacer música implica una conexión continua entre la mente y el cuerpo. La acción de los dedos, la respiración o la postura, responden a una interacción constante entre lo corporal y lo mental, puesto que la actividad interpretativa engloba a la persona en su totalidad.

Solemos ser más conscientes de la influencia cuerpo-mente cuando se produce un cambio súbito que rompe el equilibrio establecido entre ambos. ¿Conoces este chiste?: "Cómo conseguir que un violinista/violista/cellista/contrabajista haga un trémolo inmediatamente: haciéndole

---

[37] McWilliam, F. (2011). *Blow your own horn! Horn heresies.* Mosaic Press.

tocar una partitura con dos redondas ligadas y poniendo arriba la palabra SOLO".

• Al advertir una posible amenaza, nuestra mente envía señales de peligro al cuerpo con el fin de protegernos mediante un incremento masivo de tensión, lo que conduce a un peor desempeño.
• Lo que pensamos al hacer música influye de inmediato en nuestras emociones, y por supuesto en nuestro cuerpo.

Actuar en público supone un reto enorme para nuestro tándem mente-cuerpo. Sin embargo, es importante tener claro que el último destinatario de tu trabajo es el público, y necesitas ser capaz de manejar la presión que ello supone. Los músculos se tensan, la respiración se acelera y entrecorta, y el pulso se vuelve inestable. Una de las conclusiones que puedes extraer de esta reflexión es la necesidad de establecer mecanismos fiables. Mecanismos que te permitan un control fluido de la ejecución, tanto cuando estudies, como después, sobre un escenario o ante un tribunal. Si eres consciente de ello, no te conformarás simplemente con que la obra que estás trabajando salga bien, sino que te comprometerás a desarrollar los mecanismos que te conduzcan a que también salga muy bien en público, ante el receptor final de tu preparación.

Mente y cuerpo se retroalimentan continuamente. Por este motivo, debemos desarrollar y entrenar una mentalidad capaz de producir movimientos libres y bien coordinados en situaciones de concierto.

Algunas consideraciones útiles al respecto son las siguientes:
• No pretender una consecución directa o precipitada de los objetivos (ver capítulo 6).
• Ser consciente de actitudes negativas y replantearlas.
• La aceptación de tu condición humana y vulnerable, en especial en relación con las actuaciones.
• Establecer una conexión genuina con la música.
• Ponderar tus fortalezas personales como músico y persona.
• Disponer de objetivos definidos y ajustados a tus posibilidades actuales.
• Valorar positivamente la función que desempeña tu cuerpo en la interpretación musical.
• Fomentar las buenas sensaciones corporales al hacer música.

• Clarificar o analizar la naturaleza de los gestos, movimientos o acciones corporales que llevas a cabo.

IDEA OPERATIVA 5-3

Comprender la conexión entre la mente y el cuerpo contribuye a experimentar la actividad musical de forma ventajosa y saludable.

▶ Identifica y trata de cambiar aquellas actitudes que te perjudican en el camino hacia mejoras musicales y actuaciones más satisfactorias.

▶ Aprende a escuchar tu cuerpo. Él te advertirá de cuándo tu mentalidad es inadecuada.

El nivel de activación

Dedicamos este último apartado de la fase previa de nuestro modelo de autorregulación musical, a un relevante aspecto que conecta cuerpo y mente, y sobre el que también podemos incidir positivamente antes de comenzar la actividad musical. Se trata del llamado nivel de activación y hace referencia al grado de intensidad fisiológica y psicológica en el que nos encontramos. La frecuencia de pulsaciones del corazón, el nivel de tensión muscular, o el grado de agitación emocional son algunas de sus variables más características.

Es evidente que de un día a otro existan diferencias en relación con el nivel de activación. Es normal, por ejemplo, que un par de días antes de una masterclass o de una actuación, te sientas más inquieto por lo que pueda pasar y eso se manifieste en una especie de "hiperactividad transitoria". Pensamientos, emociones y acciones se ven afectados por ello. En lugar de trabajar centrado y siguiendo un orden natural en tu estudio, tiendes a precipitarte en un aluvión de pensamientos y emociones amenazantes, acompañados de un incremento de la tensión muscular y de desajustes en la respiración.

Si eres conscientes de que te encuentras más activado de lo que te conviene para sacar provecho de tus sesiones de estudio, tienes en tu mano la posibilidad de reducir suavemente tu nivel de revoluciones.

- El estado óptimo de activación es aquel que te permite realizar con naturalidad tanto tu trabajo cognitivo (planificar, supervisar y pensar en general), como el corporal (facilidad para mantener un funcionamiento muscular libre y preciso).
- Trata de averiguar cuál es el nivel de activación más propicio para ti a la hora de llevar a cabo tus tareas musicales. Existen enormes diferencias individuales al respecto, por lo que el autoconocimiento es el mejor camino para encontrarlo.
- Tanto el exceso de activación como la falta de la misma se corresponden con un peor desempeño. Como acabamos de ver, el rendimiento disminuye cuando se produce un exceso de excitación. Sin embargo, la apatía o exceso de relajación tampoco es la solución, porque nos faltaría el incentivo necesario para la buena realización de las tareas cognitivas que requiere un óptimo desempeño.
- Equilibrar tu nivel de activación antes de tu estudio y de tus actuaciones se convierte en un interesante apartado más del tema principal de nuestro libro, la autorregulación. A partir de lo que te dices a ti mismo y de las acciones que emprendas, puedes disminuir tu nivel de activación si es muy elevado, o incrementarlo si sucede lo contrario.

Dejamos la fase previa o de planificación, con la sensación de haber hecho muchas cosas. Realmente es así. Los preparativos, las intenciones, los planes, las estrategias y todos aquellos recursos que hemos movilizado son más importantes de lo que parece a simple vista. Ellos nos sitúan en un nivel en el que el trabajo será más fructífero y dinámico. La tierra está fértil para iniciar la siguiente etapa.

RESUMEN DEL CAPÍTULO 5

■ Cuidar la utilización del cuerpo representa una medida inteligente para la salud y el rendimiento del músico.

■ Disponer el cuerpo para la interpretación incluye revisar la postura y desarrollar la capacidad de observar interna y externamente.

■ Tener en mente el propósito de nuestra tarea musical y conectarlo con la búsqueda de la excelencia musical, predispone positivamente nuestros recursos cognitivos y emocionales.

■ Plantear la actividad musical desde la globalidad cuerpo-mente nos hace más responsables de nuestro funcionamiento.

■ Antes de realizar la actividad musical es conveniente encontrar el nivel de activación con el que propiciar un mejor funcionamiento.

ESTRATEGIAS DE MEJORA

EM 5.1 - DEJARSE EXPANDIR

La práctica de la posición de descanso constructivo (posición semi-supina) te ofrece la posibilidad de tomar consciencia de tu cuerpo y crear unas condiciones corporales y mentales idóneas para el estudio. Es un recurso que utiliza la técnica Alexander y una de las ideas clave consiste en "dejar de hacer", soltar, dejar que el cuerpo recobre su amplitud y espacio natural.

• Además, con la horizontalidad, la columna vertebral se alarga concediendo con ello una referencia muy útil para la posición erguida. Después de practicar la posición semi-supina, al volver a la verticalidad, descubrirás que la musculatura del reflejo postural encuentra con mayor facilidad su camino, en oposición a la fuerza de gravedad.

• Puedes practicarla también a mitad de tus sesiones de estudio o al finalizar. La práctica de la posición de descanso constructivo a mitad de una sesión de estudio, contribuye a que sea más fácil mantener una buena postura erguida y sana en el resto de la jornada.

A continuación dispones de una sencilla guía.

Necesitas disponer de:
• Un lugar tranquilo y una temperatura agradable.

- Un aislante o alfombra para que el suelo no esté ni frío, ni excesivamente duro.
- Libros para poner debajo de la cabeza y elevar ligeramente su altura.
- Ropa cómoda.

Antes de empezar:
- Observa que tu cuerpo se encuentra simétrico, alineado y expandido.
- Flexiona tus rodillas y mantén separados los pies a una distancia similar al ancho de tu cadera.
- Reajusta suavemente la zona de la cadera de forma que su contacto con el suelo sea mayor, pero sin forzarlo.

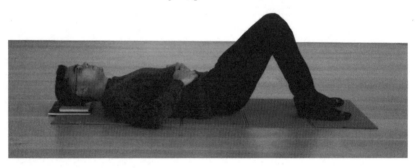

Toma consciencia de:
- Los contactos de zonas de tu cuerpo con el suelo.
- Zonas de tu cuerpo.
- Tu respiración.

Piensa en:
- Dejarte sostener.
- Dejar que tu cuerpo se expanda.

Después de unos minutos de simplemente estar y "dejarte sostener por el suelo" puedes aprovechar para pensar en la sesión de estudio que vas a realizar y complementar esta práctica con la que viene a continuación.

EM 5.2   ANTICIPA TUS OBJETIVOS

Dedica unos momentos a "preactivar" tus objetivos, de forma que cuando comiences con tu actividad, tus recursos de mejora ya se encuentren a pleno rendimiento.

• Toma consciencia del cuerpo y de la respiración partiendo de la posición sentada, con la espalda erguida y apoyada en el respaldo, los hombros abiertos y la cabeza alineada y centrada sobre los hombros. Si lo prefieres puedes realizar esta experiencia en la posición de descanso constructivo que acabamos de ver.

• Decide qué es aquello que pretendes trabajar en función de las experiencias de estudio previas, de tus necesidades o tus compromisos.

• Utiliza algunas autoinstrucciones que reflejen las líneas maestras de aquello que pretendes conseguir. Sé específico. Las autoinstrucciones verbales representan una guía muy eficaz para nuestra conducta. Aquí dispones de algunos ejemplos:
  - Voy a cuidar la precisión rítmica, la calidad del sonido, la afinación.... cuando trabaje tal obra.
  - Voy a mejorar mi forma de trabajar (concentración, objetivos más definidos y ajustados a mis posibilidades ...)
  - Quiero cuidar la utilización del cuerpo: la postura, algún aspecto concreto... cuando realice el calentamiento.

• Visualízate brevemente a ti mismo realizando adecuadamente aquello que pretendes conseguir y conecta positivamente con tus emociones. Imagínate por ejemplo, trabajando el sonido en un pasaje concreto y obteniendo un sonido de calidad. Escucha en tu mente un buen sonido y revive en tu imaginación, los recursos corporales y mentales que necesitas para obtener un buen sonido.

• Tanto el lenguaje como las imágenes representan una efectivo activador del pensamiento y de la acción, y son a su vez complementarios, tal como propone la Teoría de la Codificación Dual de Alan Paivio[38]. Combina las auto-afirmaciones verbales con la visualización y sacarás un mayor provecho de esta "preactivación" de tus objetivos.

Paivio, A. (1991). *Images in Mind: The Evolution of a Theory*. New York: Harverster-Wheasheaf.

- A partir del autoconocimiento, visualiza o piensa en cualidades que puedan resultarte útiles: calma, paciencia, perseverancia, sentido del humor, concentración ...
- Si lo consideras necesario, incorpora alguna contingencia "si ... entonces", como propone el psicólogo Peter Gollwitzer y que hemos visto en capítulo 4. Aquí tienes un ejemplo. Imagina que quieres trabajar un pasaje determinado y uno de tus objetivos es mantener mientras tanto tus hombros libres y abiertos. Una posible contingencia sería: "si noto que levanto los hombros (o los tenso) .... entonces suelto y dejo que se expandan con naturalidad". Esta formulación previa te ayudará a estar más alerta después, cuando practiques el pasaje.

EM 5.3   GENERADOR DE CONOCIMIENTOS PREVIOS

Esta práctica está diseñada para llevarla a cabo antes de realizar una tarea de estudio. El objetivo es conectar con una gran cantidad de conocimientos implícitos de que disponemos, que pueden ayudarnos enormemente a obtener mejores resultados (conocimiento metacognitivo). Toma el modelo que viene a continuación como ejemplo.

- Escribe en el círculo la tarea que vas a realizar. Aquí tienes algunos ejemplos: estudiar técnica, estudiar una obra, un pasaje concreto, mejorar (el sonido, la afinación, el ritmo), mejorar la colocación del cuerpo, de la espalda, de las manos, embocadura ....
- Escribe de forma concisa ideas que relaciones con la buena realización de la tarea. Pueden ser tuyas, indicaciones de tu profesor, o de cualquier otra fuente fiable de información. Escribe primero solo las ideas. Todas las que se te ocurran. Puedes incluir también sensaciones corporales (libertad muscular, buena coordinación de las partes que intervienen ...), recuerdos sonoros, imágenes.
- Después, incluye una breve descripción de cada idea y visualízala (imagínate a ti mismo llevando a cabo adecuadamente cada aspecto).
- A continuación, trabaja con tu instrumento o canta, centrándote al máximo en la calidad de lo que estás haciendo. Comprobarás que eres más consciente de tu trabajo y permaneces más activo buscando mejoras y soluciones.

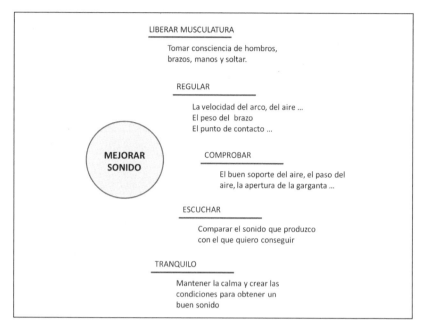

Si dispones de una plantilla ya diseñada como la de abajo, el proceso de conexión con tus conocimientos será más ágil. Apunta tus pensamientos a medida que surjan.

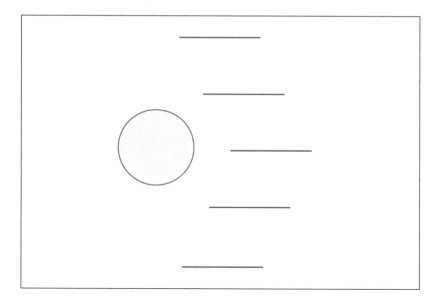

6

LA CONCENTRACIÓN Y EL CONTROL
Fase de realización 1

En este primer capítulo dedicado a la fase de realización abordaremos cómo plantear el inicio de las sesiones de trabajo, la importancia de activar y mantener la concentración, el establecimiento de un control dinámico y de calidad de la ejecución, y por último el cuidado de los medios que empleamos para conseguir nuestros objetivos musicales.

1. Calentamiento o contacto inicial

"El calentamiento está tan mal entendido y tan mal utilizado
que recomiendo abandonar el término y el comportamiento.
Se debe llevar a cabo un trabajo constructivo, atento y centrado."
Fergus McWilliam. Trompa de la Filarmónica de Berlín[39].

La fase previa ha desempeñado una importante función "preactivadora". Ahora llega el momento de la práctica o de la ejecución y nuestra tarea reside en lograr buenos resultados. ¿Cómo iniciamos el contacto con nuestra actividad musical? ¿Cómo utilizamos adecuadamente nuestros recursos?

---

[39] McWilliam, F. (2011). *Blow your own horn! Horn heresies.* Mosaic Press.

Muchos músicos experimentan los primeros momentos del día con su instrumento musical o con la voz como un ritual de bienvenida. De nuevo siento en mis manos mi instrumento, de nuevo escucho sus sonidos y me noto a mí mismo incorporándome al camino de la música, la belleza, las emociones, el aprendizaje, la gestión de las dificultades, las dudas... El contacto inicial con el sonido invita a despertar todos nuestros recursos. Mientras realizamos un breve calentamiento, damos tiempo a que los elementos más rezagados se incorporen a la aventura musical.

Los primeros momentos del día deberían servir para tomar consciencia de nosotros mismos. Desde nuestro "centro interior de operaciones", hacemos inventario y comprobamos la presencia de todos los componentes esenciales. Mientras vocalizo, hago notas largas, o practico escalas o arpegios a un *tempo* razonable, mi tarea consiste en abrir las persianas y ventanas de la percepción:

* Escuchar la naturaleza del sonido.
* Conectar con nuestro estado de ánimo, estimulando una buena disposición y alegría por el trabajo.
* Dejar progresivamente que los hombros se suelten y se expandan.
* Promover que la espalda se elongue con naturalidad.
* Comprobar que la acción de las manos, dedos, brazos, y demás partes del cuerpo sea fluida y coordinada.
* Establecer una conexión dinámica entre mente, cuerpo y sonido.

El sonido es el aglutinador de tus gestos, acciones y actitudes. A través de estos primeros momentos, el sonido te aporta la ocasión de ordenar y disponer tus recursos esenciales. Para conseguirlo necesitas centrar en él tu atención e incentivar que se produzcan paulatinamente numerosos microajustes: liberar un poco más la muñeca, soltar el labio inferior, respirar con mayor naturalidad, escuchar con interés, dejar que vayan despertando las sensaciones.... Mente y cuerpo se acompasan a través de los sonidos.

Recuerdo una anécdota que me contó el extraordinario clarinetista Juan E. Romero, profesor en el Conservatorio Superior de Música de Castellón, sobre el que fuera su profesor en Londres, Roy Jowitt. R. Jowitt fue clarinete principal de la Orquesta Sinfónica de Londres en el período de 1968 a 1990, y durante un tiempo visitaba regularmente España para impartir clases magistrales. Cada vez que venía, se quedaba sorprendido al escuchar cómo calentaban los estudiantes en los pasillos antes de tomar una clase con él: tocaban a una velocidad vertiginosa, descuidando el sonido, con los hombros cerrados y con tensión muscular generalizada. Con la elegancia que le caracterizaba, Roy se acercaba a ellos y les decía: "Por favor. Pensad en lo que realmente necesitáis para lo que vais a tocar después. Tocar cualquier pasaje con calma, centraros en escuchar, alinead vuestro cuerpo, soltad vuestros músculos, centrad vuestra mente. Disponeros internamente para hacer un buen trabajo". Si te das cuenta, esta experiencia conecta extraordinariamente bien con las palabras de la cita de este apartado, en la que el trompista Fergus McWilliam aconseja llevar a cabo un calentamiento constructivo, atento y centrado.

IDEA OPERATIVA 6-1

Los primeros momentos condicionan enormemente la calidad de tus sesiones de estudio.

▶ Si te habitúas a comenzar con una actitud positiva y optimista, tu mente y tu cuerpo se dispondrán mejor para el trabajo.

▶ Elige un buen material de calentamiento o comienzo de tu actividad y clarifica con qué propósito lo vas a emplear.

▶ Estimula la integración natural y progresiva de los componentes que participan en la producción sonora.

2. Dirigir y mantener el foco de atención

"En la última década los neurocientíficos han descubierto que el cerebro, como un alumno aplicado, responde de manera asombrosa a las experiencias. Si le pides que ejecute cálculos matemáticos a diario, los hará con una creciente soltura. Si le pides que se preocupe, se volverá un experto en ello. Si le pides que se concentre, se concentrará cada vez mejor."
Kelly McGonigal. Profesora de psicología en la Universidad de Stanford[40].

---

[40] McGonigal, K. (2012). *Autocontrol. Cómo funciona la voluntad, por qué es tan importante y qué podemos hacer para mejorarla.* Editorial Urano.

"Hay un punto en la actuación donde todo encaja en su sitio y ya no sientes que estás dando un concierto. La audiencia es una gran parte de eso. Cuando todo el foco está en la música y todos se sienten atraídos por este momento. Ya no siento que soy una violinista, una intérprete; el tiempo realmente se detiene".
Janine Jansen. Violinista.

Si tienes en cuenta tu capacidad de operar sobre tu foco atencional, realizarás grandes progresos. Además experimentarás también en tus actuaciones una mayor conexión con tu tarea interpretativa. Uno de los elementos clave de la fase de realización, tiene que ver con sentirse plenamente involucrado en la actividad musical que se está llevando a cabo. La tarea es absorbente y gracias a ello es posible sacarle el máximo partido.

El porcentaje del tiempo que los estudiantes de instrumento musical o de canto confiesan permanecer plenamente concentrados cuando trabajan, queda muy por debajo de lo que sería aconsejable. Lo mismo podríamos decir de lo que sucede durante las actuaciones, donde una de las quejas más generalizadas tiene que ver precisamente con la dificultad por mantener el foco atencional en la música.

Es evidente, que los músicos que se concentran plenamente en su ejecución, consiguen mejores resultados que aquellos que deambulan entre pensamientos dispersos. Aaron Williamon, director del Centro para la Ciencias de la Ejecución del Royal College of Music de Londres, considera que un componente relevante de la experiencia musical consiste en ser capaz de concentrarse y de cambiar el foco de atención, algo que se adquiere a través de práctica y entrenamiento[41]. Según Williamon, el intérprete necesita ser lo suficientemente ágil mentalmente, como para cambiar el foco atencional rápida y suavemente en relación con el flujo de factores relevantes y eventos externos.

A través de la práctica puedes desarrollar tu capacidad de dirigir la atención de una forma dinámica, solo a aquellos elementos que te proporcionan una conexión más auténtica con la interpretación. Ser consciente de dónde está tu mente mientras haces música (metacognición)

---

[41] Williamon, A., Valentine, E., & Valentine, J. (2002). Shifting the focus of attention between levels of musical structure. *European Journal of Cognitive Psychology*, 14, 493-520.

es el primer paso. A través de la consciencia puedes identificar posibles patrones relacionados con preocupaciones, dispersión o simplemente con falta de foco. A partir de ahí tu tarea consiste en desarrollar la habilidad de redirigir y mantener la atención en lo importante, en un ejercicio activo de autorregulación personal.

Para entender mejor cómo funciona la concentración podemos recurrir al siguiente gráfico:

- El círculo central representa el foco de atención en los elementos relacionados con la ejecución o la actividad musical que estamos llevando a cabo: direcciones musicales, control del sonido, expresión, sensaciones corporales ...
- El círculo más amplio engloba todos aquellos aspectos a los que nuestra atención puede dirigirse durante la ejecución. La letra D simboliza las posibles distracciones:
  - *Externas*: avisos del móvil, ruidos en la sala de al lado, distractores de todo tipo...
  - *Internas*: pensamientos relacionados con otras cuestiones, preocupaciones, ausencias...

Ya sea durante el estudio o durante una actuación, una de nuestras tareas principales consiste en que la atención queda focalizada sobre la frase, el pasaje o la obra que estamos ejecutando, dejando de lado otros estímulos que pudieran interferir en este cometido. El círculo central queda blindado a cualquier "intruso" que reclame la atención y nos reste implicación musical.

Para conseguir este blindaje atencional a la música, disponemos de un mecanismo que controla el flujo de estimulación externo e interno

que pretende captar nuestra foco. Este mecanismo regulatorio incluye dos destacados aspectos que podemos desarrollar con la práctica:
1. La selección y dirección del foco atencional a la tarea musical en curso.
2. La activación indirecta de una especie de escudo, cuya misión consiste en bloquear la entrada al círculo central de los distractores que pretenden captar nuestra atención.

Cómo fortalecer la concentración

"Controlar la atención —prestar atención a esto e ignorar aquello— es a la vida interior, lo que elegir cómo actuar es a la vida exterior."
Wystan H. Auden (1907-1973). Ensayista.

La "preactivación" de la mente resulta esencial si pretendes conseguir un foco definido en el momento de la ejecución: cuando me encuentro estudiando o actuando, todos mis sentidos se encuentran orientados a buscar la calidad musical. Cada vez que me dispongo a estudiar, me centro al máximo en lo que hago con el fin de obtener buenos resultados musicales.

Al margen de este lema esencial, resulta conveniente aprender a crear las condiciones para que tu mente se concentre mejor y además lo haga durante periodos cada vez más largos (ver EM 6-2).

Las siguientes consideraciones pueden ayudarte a conseguirlo:

• Activa tu consciencia metacognitiva, sé consciente de ti mismo para identificar:
  - En qué momento dejas de estar concentrado. De esta forma podrás reconducir inmediatamente tu atención.
  - Qué factores te llevan a estar más centrado (variar el orden de estudio, trabajar más por la mañana o por la tarde, sesiones de estudio más cortas, objetivos más motivadores, actitud más activa...).
  - Qué factores te impiden o dificultan estar centrado (prisas, desorganización, falta de motivación o interés, ausencia de objetivos definidos, patrones mentales relacionados con la preocupación...).

- Elimina todos los distractores externos que te suelan sacar de tu foco.
- Cuando perseguimos algo a lo que le otorgamos valor, tendemos a mantener la atención con naturalidad. Activa tu deseo por alcanzar la excelencia musical mediante logros concretos y conectados con tus grandes ideales.
- Permanece mentalmente activo en la obtención de mejoras. En la medida en la que dispones de un objetivo definido, los mecanismos de tu mente se activan de forma natural para alcanzarlo, lo que representa la mejor opción para activar la concentración.
- Si dispones de buenas herramientas de trabajo al servicio de tus objetivos, será más fácil permanecer conectado con la actividad musical.
- Establece un claro compromiso con la calidad de tu estudio y en definitiva, con todo aquello que produces sonoramente. Cuando esto es así, tu zona de concentración se define y los distractores pierden fuerza.
- Conectar el trabajo "rutinario" y necesario de calentamiento (hacer escalas, notas largas etc.), con aspiraciones artísticas o de superación, incrementará tu interés y con él la concentración.
- Practicar el estudio mental contribuye enormemente a desarrollar las mecanismos clave de la concentración[42].
- Formúlate preguntas con el fin de indagar si realmente estás concentrado (metacognición):
  - ¿Estoy dirigiendo mi atención a escuchar la afinación de cada nota en este fragmento?
  - ¿Se encuentra el sonido centrado y continuo durante toda la nota?

El pianista Juan Fernando Moreno Gistaín, solista y miembro del afamado Dúo Moreno Gistaín, nos deja a continuación una valiosa reflexión relacionada con la concentración en el estudio, que incluye generar un foco atencional dinámico a partir de una unidad sencilla de música:

La vida cotidiana de un músico exige trabajar simultáneamente sobre obras,
programas y proyectos diferentes. Por ello es habitual tener la sensación de

García Martínez, R. (2017). *Entrenamiento mental para músicos. Técnicas de estudio mental y visualización para potenciar el rendimiento interpretativo.* Redbook Ediciones.

que la tarea es inabarcable aunque -paradójicamente- los momentos de acu-
mulación de trabajo favorecen el desarrollo de estrategias y de actitudes personales que solo pueden aprenderse bajos esas condiciones.

Una de esas estrategias que me ayuda a establecer un estado de concentración consiste encomenzar a trabajar un fragmento corto de música valo-
rando el máximo de posibilidades y contemplando también el mayor número
de aspectos posible. No se trata de definir o tomar decisiones definitivas sobre
ese pasaje, sino de inducirme a mí mismo un estado de búsqueda y respuesta
-tanto mental como física- que pueda mantenerse durante toda la sesión de
estudio (o de ensayo, si es una sesión compartida). Es como cuando un escul-
tor prepara y examina el material con el que va a trabajar, solo que en este
caso el material somos nosotros mismos.

Tengo que advertir que creo que esta estrategia tiene un peligro: la adic-
ción a la sensación de control al trabajar sobre una porción muy limitada de
música. Para no caer en ella lo ideal es limitar el tiempo y continuar con otros
pasajes al sentir que se ha alcanzado un estado mental consciente y alerta.
Cada vez confío más en estimular la capacidad de adaptación que en crista-
lizar una versión única.

El pianista Juan Fernando Moreno Gistaín.

IDEA OPERATIVA 6-2

Desarrollar la capacidad de dirigir y mantener la atención en los aspectos clave de la ejecución musical, contribuye enormemente a incrementar su calidad.

▶ Mientras estudias, mantente alerta comprobando dónde se encuentra centrada tu mente.

▶ Trata de permanecer activo clarificando lo que pretendes conseguir en cada momento, y comprueba si efectivamente lo logras.

▶ Crea el hábito de perseguir la excelencia musical, de esta forma invocarás con fuerza tu concentración.

---

3. Ejercer un control dinámico

"Adopta el ritmo de la naturaleza: su secreto es la paciencia."
Ralph Waldo Emerson (1803-1882). Escritor.

En este apartado nos vamos a centrar en dos elementos clave sobre los que puedes intervenir con el fin de incrementar la calidad del proceso de ejecución. Por un lado, la supervisión de cómo lo estás haciendo y por otro, los ajustes que realizas en función de dicha supervisión. La psicología cognitiva ha comprobado que ambos procesos contribuyen enormemente a la obtención de mejoras en relación con el aprendizaje y el rendimiento.

Las consideraciones que verás a continuación son válidas, tanto para el calentamiento inicial que hemos visto al principio del capítulo, como para el material musical que abordes en tu sesión de estudio (lectura, obras, pasajes o secciones concretas, material técnico...).

Cuidar la calidad

Un funcionamiento óptimo durante la actividad musical, implica ejercer una cuidadosa vigilancia sobre la calidad sonora de aquello que produces. Una gran parte del éxito musical se encuentra precisamente aquí. Este aspecto resulta esencial y por ello debemos enfatizarlo. Si no te das cuenta de aquello que no estás haciendo bien, las mejoras que pretendes no son posibles.

En la investigación que llevé a cabo sobre la relación entre la calidad del estudio en instrumentistas de grado profesional y superior y sus resultados académicos, las conclusiones fueron esclarecedoras[43]. Los estudiantes que obtenían mejores resultados en las evaluaciones realizadas por sus profesores de instrumento musical, identificaban significativamente más aspectos que trataban de mejorar, que los no tan brillantes. Alguno de estos aspectos tenían que ver con la afinación, la calidad del sonido, la precisión rítmica, la interpretación, pero también con la concentración o la utilización del cuerpo. La identificación de aspectos susceptibles de mejora despertaba en los estudiantes más destacados, un fascinante mecanismo consistente en subsanar la discrepancia entre lo que habían obtenido (calidad insuficiente), y el criterio de calidad que mantenían activado en su interior (ver capítulo 4). Mediante la llamada memoria de trabajo (*work memory*), comparaban continuamente lo que iban produciendo, con el canon de excelencia que tenían "preactivado".

El control durante la ejecución

Durante la realización de la tarea musical, sea esta estudiar o actuar en público, se produce una interacción constante entre dos componentes esenciales: la consciencia de lo que producimos musicalmente y el control que nuestra mente realiza sobre múltiples procesos y acciones relacionados con la ejecución. Vemos a continuación las características primordiales de estos dos interesantes elementos:

1. Consciencia
Incluye aspectos como:

---

[43] García Martínez, R. (2010). *"Evaluación de las estrategias metacognitivas en el aprendizaje de contenidos musicales y su relación con el rendimiento académico musical"*. Tesis doctoral. Universidad de Valencia Ediciones.

- Escuchar con precisión la producción sonora con el fin de identificar aspectos mejorables en relación con diferentes parámetros (afinación, sonido, ritmo, interpretación ...).
- Ser conscientes de cómo se emplea el cuerpo, supervisando aspectos como la postura, grado de tensión muscular o la coordinación de los elementos que participan en la acción musical.
- Darnos cuenta de nuestros procesos de pensamiento. Ser conscientes de si:
  - Tenemos definido lo que pretendemos conseguir o mejorar.
  - Estamos o no concentrados en la tarea.
  - Analizamos los problemas, o más bien nos limitamos a repetir hasta que salga.
  - Si aquello que nos decimos, especialmente ante las dificultades, resulta constructivo y nos anima a avanzar.

2. Control

Incluye aspectos como:

- Emplear mecanismos eficaces para mantener un buen funcionamiento:
  - Focalizar la atención en la tarea musical blindándola de potenciales distractores.
  - Emplear autoinstrucciones verbales de los pasos a dar durante el estudio (ver capítulo 7).
- Disponer de recursos de autorregulación con el fin de ajustar o modificar un funcionamiento deficiente:
  - Corregir aspectos sonoros susceptibles de mejora.
  - Soltar muscularmente.
  - Modificar la posición de una parte del cuerpo.
  - Coordinar o secuenciar mejor los movimientos.
- Encontrar un estado óptimo para la realización de la tarea mediante:
  - Respiración consciente.
  - Consciencia corporal.
  - Consciencia plena (mindfulness).
- Utilización de estrategias de trabajo más eficaces para alcanzar mejoras (ver capítulo 4).

Durante la fase de realización, nuestra misión principal es doble y consiste en monitorizar cómo lo estamos haciendo, y realizar aquellos ajustes que fueran necesarios con el fin de lograr el rendimiento deseado. A continuación dispones de algunos ejemplos que lo ilustran:

- Me doy cuenta de que la muñeca o el codo están rígidos o mal colocados e impiden un buen desplazamiento de la mano sobre el teclado (mango del cello, violín, vara del trombón ...). CONSCIENCIA
  - Libero la tensión muscular de esa zona o modifico su posición de forma que el funcionamiento del conjunto mejore. CONTROL

- El sonido está apretado y es pobre en armónicos. La garganta está cerrada, tensión muscular en la embocadura. CONSCIENCIA.
  - Abro la garganta, libero tensión en labio inferior o zona maxilar. Incido en la disposición global del cuerpo. CONTROL

- La respiración está constreñida por mantener los hombros cerrados, el pecho hundido y el torso colapsado. CONSCIENCIA
  - Suelto la musculatura y recobro, tanto la apertura como la alineación natural del torso. CONTROL.

- La actitud al abordar un pasaje difícil o una limitación técnica determinada, incluye prisas y conlleva una tensión muscular generalizada que dificulta la buena ejecución. CONSCIENCIA.
- A partir de este descubrimiento, sustituyo esta actitud presurosa, por otra más razonable que secuencia mejor los pasos que doy. CONTROL.

- Me encuentro estudiando o en medio de una actuación y me doy cuenta de que estoy pensando en otra cosa CONSCIENCIA.
  - Reconduzco mi mente de nuevo al camino. Me intereso por la tarea y me focalizo en ella. CONTROL.

- La expresión musical me lleva a moverme más de la cuenta, desajustar la respiración, tensar en exceso. CONSCIENCIA.
  - Pongo orden en el caos a través de ejercer un control fluido sobre mi cuerpo y mis acciones. CONTROL

Insistir en la comprobación

"Un hombre que ha cometido un error y no lo corrige
está cometiendo otro error."
Confucio (551-478 a. C)

En este punto necesitamos insistir de nuevo en la relevancia de ser realmente conscientes de la calidad de la tarea musical que se está llevando a cabo. Si no detectas aspectos que no rinden a un buen nivel, no se activará en tu interior la "maquinaria de obtener mejoras". Es un hecho que se observa muy a menudo en las cabinas de estudio de los conservatorios: una afinación defectuosa, imprecisiones rítmicas, falta de concentración o tensión muscular excesiva pasan desapercibidas y no son corregidas. La psicóloga Susan Hallam, realizó un investigación con estudiantes de instrumentos de cuerda de diferentes niveles y observó que el 60 por ciento de ellos dejaba errores sin corregir cuando estudiaban[44]. Posteriormente, estos estudiantes tendían además a reforzar esos errores cuando ejecutaban su repertorio. Hallam considera que no basta con utilizar estrategias de estudio, aunque estas sean eficaces. Resulta imprescindible desarrollar la consciencia suficiente que permita supervisar con fiabilidad la precisión de las ejecuciones.

Si realmente pretendes obtener mejoras significativas, en ocasiones necesitarás reeducar algunos de tus hábitos perceptivos. El fenómeno de la habituación es responsable de que por ejemplo, numerosos músicos de cuerda de orquestas profesionales, lleguen a no ser conscientes de que su afinación ya no es tan precisa como lo era. Esto es debido a que con el paso del tiempo y la falta de práctica individual rigurosa, el oído se va acomodando progresivamente a dar por válida una afinación deficiente. Lo mismo sucede en el plano corporal. El músico se acostumbra a adoptar posturas poco beneficiosas y a tensar en exceso determinadas zonas, de forma imperceptible.

Una parte importante de tus esfuerzos por obtener mejoras significativas, debería dirigirse por tanto, a desarrollar el arte de escuchar externa e internamente. Refinar el oído con el fin de discriminar clara y rápi-

---

[44] Hallam, S. (2001). "The Development of Metacognition in Musicians: Implications for Education." *British Journal of Music Education* 4, no. 1: 27–39.

damente aquello que no alcanza el nivel de calidad adecuado. Refinar tu consciencia corporal para identificar cualquier tensión excesiva o desajuste. Refinar tu consciencia personal para darte cuenta de actitudes negativas. Se trata de una tarea de vigilancia constante que implica un suplemento extra de observación atenta y de energía.

Estar sobre aviso al respecto e incidir sobre la calidad de nuestra percepción resulta por tanto relevante:

- Utiliza el criterio de calidad que vimos en el capítulo 4, como guía constante en tu trabajo.
- Aplícate a fondo en la tarea de identificar con precisión si tu funcionamiento sonoro, corporal y psicológico es adecuado.
- Esfuérzate por escuchar con mayor atención y criterio aquellos aspectos que sabes que tiendes a descuidar (afinación, limpieza, precisión rítmica, cuestiones interpretativas ...).
- Ejercita de forma extra aquellos aspectos perceptivos que no discrimines con facilidad (afinación, calidad del sonido, calidad en las articulaciones, cuestiones expresivas...).
- Grábate en audio y escucha posteriormente el resultado. Compara el resultado de la grabación, con cómo creías que estaba sonando algún aspecto concreto cuando estabas ejecutándolo (afinación, fraseo...).
- Aprende a sentir el interior de tu cuerpo mientras cantas o tocas, y a diferenciar con claridad cuándo lo estás utilizando adecuadamente o no. Es muy fácil pasar por alto malas posiciones y tensiones musculares innecesarias.
- Comprueba a menudo si estás focalizado de verdad en la tarea musical que estás realizando. Resulta común permanecer más de 10 minutos pensando en otras cosas mientras trabajas un pasaje o una sección.
- Desarrolla el hábito de ser exigente con tu escucha sonora, corporal y psicológica de forma positiva. Concíbelo como parte del proceso de construcción y creación de la excelencia musical.
- Realiza constantemente preguntas con el fin de permanecer activo en la supervisión de tu trabajo:
  - ¿Cómo estaba la afinación de estas 5 notas?

- ¿Ha sonado realmente un *decrescendo* al final de la frase?
- ¿He mantenido sueltos mis brazos en la parte de mayor intensidad sonora y expresiva?

IDEA OPERATIVA 6-3

Para tener éxito en la consecución de nuestros objetivos musicales es necesario mantenernos alerta durante la realización de las actividades que realizamos.

▶ Monitoriza la calidad de lo que estás produciendo y de los medios que empleas.

▶ Mantente atento en el plano sonoro, corporal y mental, puesto que es muy fácil pasar por alto un rendimiento defectuoso.

▶ Realiza los ajustes que sean necesarios con el fin de reorientar el rumbo hacia a tus objetivos.

---

4. Cuidar los medios que conducen a los objetivos

"Si nos proponemos una realización rápida, si nos crispamos ante el objetivo propuesto, no desarrollaremos jamás la fuerza interior sin la cual es imposible aprender ningún arte verdadero."
Dominique Hoppenot (1925-1983). Violinista y pedagoga.

A menudo, no somos conscientes de que el control que ejercemos sobre la música y sobre nosotros mismos está basado en un exceso de tensión. En lugar de equilibrar nuestros gestos musicales con sutileza y eficacia, nos sobreesforzamos, con lo que limitamos nuestro avance. El enfoque excesivamente directo en relación con la consecución de los objetivos, está condenado al fracaso por la misma naturaleza de las cosas. La realidad psico-física del ser humano nos aconseja una aproximación indirecta[45].

---

[45] De Alcantara, P. (1997). *Indirect Procedures: A Musician's Guide to the Alexander Technique*. Oxford University Press.

- En actividades en las que la utilización del cuerpo desempeña un destacado papel (música, danza, arte dramático, deporte), el deseo por alcanzar un objetivo de forma directa e inmediata, activa a menudo mecanismos que incluyen un exceso de tensión y descoordinación, que paradójicamente nos alejan de la consecución de aquello que tanto ansiamos.

- Lo mismo sucede cuando nos enfrentamos a dificultades (el vibrato que no sale con naturalidad, los agudos que suenan apretados o una actuación que me preocupa), o cuando nos importa tanto hacerlo bien, que tendemos a bloquearnos.

- En todos estos supuestos, los centros emocionales del cerebro nos juegan una mala pasada y nos llevan a descuidar los medios que empleamos en la consecución de nuestros objetivos musicales (respiración, consciencia corporal, regulación emocional ....).

Numerosos estudiantes de canto o instrumento se quejan de que en ocasiones, cuanto más trabajan y más se esfuerzan por conseguir que les salga bien un pasaje o una obra, más tensos se sienten y peores resultados obtienen. El esfuerzo que realizan no se manifiesta en mejoras constatables por ellos mismos, o por sus profesores. El control que ejercen no es el adecuado, pisan el acelerador, pero el vehículo se bloquea y en realidad va más lento.

Esta idea es igualmente aplicable a circunstancias como las actuaciones en público o las pruebas. Pretender alcanzar una ejecución impecable, situándonos a nosotros mismos en la obligación de conseguirlo a toda costa, suele conducir a una merma del rendimiento y a una mayor frustración. El relato de numerosos estudiantes de grado superior que se presentan a pruebas de orquesta como la JONDE, orquestas juveniles de las comunidades autónomas, la Mahler Jungendorchester o la Junge Sinfonie Schleswig-Holstein, lo evidencia continuamente. Un enfoque tan directo sensibiliza en exceso el sistema nervioso y como consecuencia, bloquea procesos clave como la respiración, la libertad de movimientos, el foco atencional o diversos procesos cognitivos.

La pianista Noelia Rodiles, que nos comentó aspectos relevantes de su preparación para el estudio, realiza también durante la práctica, un cuidado trabajo personal que incluye la búsqueda del equilibrio en acción.

Una vez en plena sesión de trabajo, sigo dándole mucha importancia a la consciencia y el equilibrio. Para ello utilizo varias técnicas de estudio:

- *Tocar algún pasaje difícil mientras hablo sobre otra cosa: con este simple ejercicio compruebo si mi psicomotricidad está lo suficientemente interiorizada que me permite hacer otra cosa mientras toco. Si veo que la frase musical se ve afectada, o que cuando hablo cambio las acentuaciones, doy "parones" o me voy con el ritmo musical, es que el trabajo no está lo suficientemente asimilado.*

- *Tocar algunos pasajes sujetando un corcho entre los dientes: Este ejercicio me ayuda a relajar la mandíbula, que es el primer músculo que se me tensa cuando paso por una situación de estrés. El hecho de que el corcho te obligue a tener la boca un poco abïerta evita apretar los dientes y, en consecuencia, cuando esa parte de la cabeza está relajada, noto automáticamente cómo todo el resto del cuerpo se siente más liberado y me permite tocar con más facilidad y naturalidad.*

- *Controlar la respiración: Cuando estudio intento ser muy consciente de la respiración, y me doy cuenta durante el proceso de estudio que en muchos pasajes difíciles nos olvidamos de ella, se podría decir que casi no respiramos. Por eso trabajo esos pasajes intentando que la respiración no se vea afectada, que nunca se interrumpa y que a través de respiraciones profundas ayude si surge alguna situación de estrés.*

La pianista Noelia Rodiles.

Una batalla en el cerebro

"Cuanto más obstinadamente se empeñe usted en disparar la flecha para acertar en el blanco, tanto menos conseguirá lo primero y tanto más se alejará lo segundo.
Lo que le obstruye el camino es su voluntad demasiado activa.
Usted cree que lo que usted no haga no se hará."
Eugen Herrigel (1884-1955). Filósofo.[46]

Cuando nos fijamos un objetivo, la pugna entre el cerebro emocional (caliente) y el cerebro racional (frío) es evidente. Una parte en nuestro interior, más impulsiva e impaciente, tiende a lanzarse directamente a la acción, en un intento ciego de satisfacer su deseo de consecución. Mientras que la otra, más sabia, inhibe estos impulsos y se dedica a idear un plan de acción que garantice mayores probabilidades de éxito.

Los estudios de neurociencia nos permiten comprender mejor la pugna que tiene lugar en el cerebro entre las áreas del sistema límbico (cerebro emocional) y los mecanismos de control situados en los lóbulos frontales (cerebro racional), como puedes ver en la figura de abajo. Supongamos que nuestro objetivo consiste en dominar un pasaje difícil.

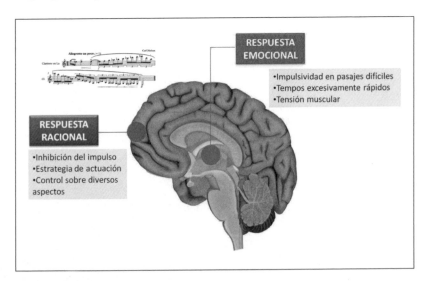

---

[46] Herrigel, E. (1996). *Zen en el arte del tiro con arco.* Kier.

La parte emocional o caliente:
* Es más rápida en activarse que la parte racional.
* Activa inconscientemente mecanismos más primitivos que resultan poco eficaces en el estudio, como aumentar de forma desproporcionada la actividad muscular, lo que evidentemente no conduce a los mejores resultados.
* El incremento de activación emocional disminuye la disposición de percibir con claridad tanto cuestiones sonoras, como corporales o psicológicas.
* La capacidad de pensar de forma eficaz también se ve mermada y solemos recurrir a la mismas estrategias de siempre: repetir hasta que salga.

La parte racional o fría:
* Inhibe o detiene la reacción de acometer el estudio del pasaje de forma impulsiva y desordenada.
* Idea o activa procedimientos para dominar o resolver las dificultades.
* Secuencia y monitoriza las acciones implicadas en la mejora del pasaje.
* Mantiene un control dinámico sobre el funcionamiento corporal: postura, libertad de movimientos, gestos precisos ...

Gestionar mejor la batalla interna entre el impulso emocional por alcanzar tus objetivos musicales y el control de los recursos que empleas para conseguirlo, supone una gran conquista. Algunas sugerencias que pueden ayudarte en esta tarea serían:

* Antes de las sesiones de estudio, "preactiva" una mentalidad centrada en la búsqueda de soluciones.
* Reconoce tu propia naturaleza humana, que en ocasiones tiende a quedarse atrapada por emociones desbordadas y poco productivas.
* Cuida y valora el uso que haces de tu cuerpo (libertad corporal, buena postura, coordinación). Esta actitud neutralizará mucha de tu reactividad e impulsividad.
* Sé consciente de tu respiración, y amplia progresiva y suavemente el tiempo que dedicas a tomar y soltar el aire. Tal como ha comentado la extraordinaria pianista Noelia Rodiles, la respiración consciente

supone un modulador natural de tu nivel de activación y un excelente medio para equilibrar el estado emocional.

- Según comenta el cellista Yo-Yo Ma, los problemas complejos suelen llevar a sentirnos tensos durante el trabajo, puesto que los centros emocionales toman en exceso las riendas de la experiencia. Sin embargo, si las dificultades se descomponen en elementos básicos, es posible abordar cada elemento sin estrés.
- Intercalar breves períodos de estudio mental con el estudio físico, contribuye a enfriar el "subidón" emocional que se suele producir cuando se abordan pasajes difíciles.
- Interésate por la calidad del proceso y de la experiencia. El cómo es tan importante como el resultado.
- Timothy Gallwey en su libro *El juego interior del tenis*, expone que una parte nuestra, el denominado Self 1, fruto de la preocupación, pretende controlar la ejecución de la tarea de una forma rígida y secuencial, lo que lleva a obtener peores resultados[47]. El Self 2, por el contrario, tiene la habilidad de procesar mejor ese tipo de situaciones, en las que la sincronización neuromuscular es la clave. Una forma de liberarse del control rígido del Self 1, según Gallwey, consiste en proponerle a este mismo, tareas observacionales concretas con el fin de que deje de tomar las riendas de la acción.

El capítulo nos ha metido de lleno en plena acción musical. Conocer los interesantes procesos que tienen allí lugar, representa un incentivo para introducir modificaciones que nos aporten beneficios de uno u otro tipo. El camino de exploración interior que estamos realzando nos puede aportar valiosos *insights* con los que mejorar la concentración o ejercer un control más fluido de la ejecución. En el siguiente tramo de la fase de ejecución nos centraremos en asentar o ajustar cuestiones básicas que merecen una atención especial. De su solidez depende la construcción de numerosas destrezas interpretativas.

---

[47] Gallwey, W. T. (2010). *El juego interior del tenis*. Sirio.

RESUMEN DEL CAPÍTULO 6

■ El contacto inicial diario con la actividad musical representa la oportunidad de sentar las bases de sesiones de trabajo productivas y satisfactorias.

■ La concentración musical tiene mucho que ver con el interés genuino por buscar continuamente la excelencia musical.

■ Cuanto más activos nos encontramos introduciendo mejoras y comprobando si son efectivos nuestros intentos de lograrlas, más facilitamos que se activen de forma natural los mecanismos responsables de la concentración.

■ Durante la realización de la actividad musical interesa ejercer un control dinámico sobre uno mismo y sobre la producción sonora.

■ Necesitamos mantenernos activos supervisando la calidad de los parámetros sonoros, corporales y psicológicos con el propósito de introducir mejoras significativas.

■ Cuidar los medios que empleamos en la consecución de nuestros objetivos musicales, implica una visión más amplia de nuestro acercamiento a la música y nos hace más responsables de nuestra calidad musical y personal.

ESTRATEGIAS DE MEJORA

EM 6.1 - EVALÚA TU CONCENTRACIÓN

En el capítulo hemos visto cómo incentivar la concentración. Con estas dos primeras Estrategias de Mejora puedes complementar tu trabajo personal sobre este asunto.

• Toma consciencia durante unos días de tu concentración durante el estudio con el fin de recabar información valiosa de tus costumbres al respecto. Estas preguntas te ayudarán:

- ¿Qué porcentaje aproximado de mi tiempo de estudio me mantengo concentrado en el trabajo?
- ¿Qué aspectos externos me suelen desconcentrar?
- ¿Hacia qué tipo de pensamientos ajenos a la tarea musical se me tiende a ir la atención?
- ¿Tengo claro lo que quiero conseguir en cada momento de mi estudio?
- ¿Tengo facilidad para cambiar mi foco de atención hacia diversos asuntos relacionados con lo que estoy trabajando (sonido, afinación, interpretación, control corporal, *tempo*?
- ¿Qué intuyo que me podría ayudar a estar más concentrado mientras estudio?

EM 6.2 - FORTALECE TU CONCENTRACIÓN

Una excelente forma de despertar y aumentar el tiempo la concentración, consiste en la realización de una sencilla serie numérica de cálculo mental.

- A partir de una buena disposición corporal (sentado con los hombros sueltos y abiertos y la espalda erguida con naturalidad) toma consciencia durante unos segundos de tu respiración. Cuenta mentalmente cuatro tiempos para tomar aire y cuatro para soltar. Comprueba que tu respiración es natural y abdominal.
- Después de un momento sintiendo tu respiración, realiza mentalmente una serie numérica sencilla como las siguientes:
  - Sumar 2: 1,3,5,7,9... hasta 100
  - Restar 2: 100,98,96, 94 hasta 0
  - Sumar 3: 1,4,7,10, ... hasta 100
  - Restar 3: 100,97,94,91 .... hasta 100
  - Sumar 2-3: 1-1, 3-4, 5-7, 7-10,
  - Restar 2-3: 100-100, 98-97, 96-94, 94-91 ...hasta
- Mientras realizas la serie numérica, comprueba que haces bien el cálculo cada vez (metacognición). El objetivo es realizar bien la serie numérica (cálculo) y para conseguirlo necesitas blindar y mantener tu concentración en esta tarea.

- Elige un nivel de dificultad que te suponga un pequeño reto. Puedes valerte de un metrónomo para establecer una velocidad constante para cada número de la serie. Por ejemplo, dos tiempos a 50 la pulsación, por número. Aumenta o disminuye la velocidad en función de tu capacidad para experimentar una buena experiencia: precisión en el cálculo y concentración relajada.

Una consecuencia natural de practicar una serie numérica de estas características, consiste en la generación del efecto blindaje del foco atencional, del que hemos hablado en el capítulo. Si estás plenamente centrado en el cálculo, es posible que no adviertas nada de tu entorno durante el rato que dura la serie (alguien que pasa, sonidos en la habitación de al lado...).

EM 6.3 - REFINA TU ESCUCHA

Si pretendes obtener mejoras con tu instrumento o con la voz, educar tu oído de forma exigente representa una de las inversiones más inteligentes. En aquellas áreas en las que identifiques una posible carencia perceptiva, realiza un trabajo diario durante una temporada encaminado a refinar tu escucha.

- Identifica aspectos de la escucha que necesiten por tu parte, una mejor y más rápida discriminación auditiva. Ejemplos: afinación, afinación en dobles cuerdas, afinación en los cambios de registro, calidad del sonido, ataques, articulaciones, colores del sonido, interpretación, expresividad ....
- Diseña tus propios ejercicios en los que practicar tu escucha con la mayor precisión y fiabilidad: tocar un par de frases e identificar los aspectos que quieras trabajar.
  - Emplea una grabadora de calidad para ayudarte en esta tarea o un afinador electrónico con el fin de comparar tu percepción (lo que crees que escuchas) con lo que realmente ha sonado (grabación o afinador).
  - Es importante que clarifiques de antemano, qué es aquello que quieres identificar con precisión.

- Una vez estés realizando el ejercicio, verbaliza tus apreciaciones. Ejemplos: el la está un poco alto, el re creo que está bien, en la segunda frase sí que he conseguido aportarle el carácter que quería ...
- Una vez hayas concluido, escucha la grabación con atención. Se exigente en tu apreciación. Sé consciente de que realmente te esfuerzas por escuchar con atención (metacognición).

• Realiza sesiones de trabajo cortas, de unos pocos minutos, puesto que ganar en agudeza auditiva requiere un verdadero esfuerzo de concentración y autorregulación. En el fondo necesitas ampliar tu margen actual de escucha, y eso implica un esfuerzo bien canalizado y mantenido.

• Además de ejercitarlo por separado, activa momentos concretos durante tu estudio en los que incentivas la escucha activa del aspecto extra que estás trabajando.

EM 6.4   ENTRENA TU OÍDO COMPARANDO

Una excelente forma de agudizar el oído consiste en "jugar" a comparar versiones de una misma obra musical. La comparación exige activar procesos psicológicos relacionados con la percepción como la memoria y la atención, pero también con el análisis y la abstracción.

• Elige una obra que te guste. Si eliges alguna obra que estés trabajando, esta práctica te vendrá muy bien para adentrarte más en el interesante mundo de las posibilidades creativas e interpretativas.
• Busca dos versiones de dos intérpretes diferentes y escúchalas una primera vez por el mero gusto de hacerlo. En Spotify, por ejemplo, dispones de una enorme variedad de versiones.
• Vuelve a escuchar las dos versiones, pero ahora desde una perspectiva más analítica. Busca semejanzas y diferencias entre las dos. Te aconsejo que en ocasiones operes sobre un pasaje concreto y lo compares unas cuantas veces hasta que consigas apreciar los detalles.
• Establece una posible lista de parámetros o características sobre las que realizar la comparación: *tempo*, carácter, empleo de agógicas, ataques, sonido, expresión ...

- Céntrate en cada una de estas características con el fin de profundizar en tu escucha y advertir diferencias y semejanzas.
- Puedes valerte de la plantilla de abajo para anotar tus observaciones.

Al final, en el apartado "conclusiones" puedes integrar tus apreciaciones y hacer un comentario personal de la experiencia.

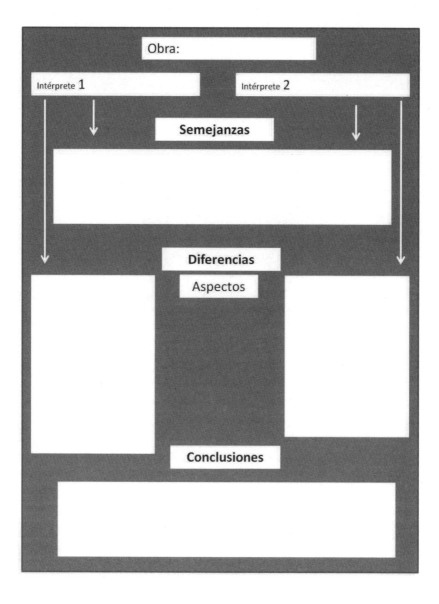

EM 6.5 - REFINA TUS SENSACIONES INTERNAS

Trabajar con un espejo te ofrece la oportunidad de cuestionar y mejorar tu información corporal. Como consecuencia de la costumbre y del fenómeno de la habituación, que hemos visto en el capítulo, solemos dar por válidas sensaciones corporales que no lo son. El objetivo con esta práctica consiste en utilizar un medio empírico (el espejo) con el fin de incrementar la fiabilidad de tus sensaciones internas. En lugar de centrarte exclusivamente en la información visual, incorpora a tu experiencia sonora también lo que sientes internamente en tus hombros, brazos, manos, espalda, boca ...

- Puedes trabajar inicialmente con experiencias sencillas como la siguiente (sin instrumento musical):
  - Colócate en frente del espejo, cierra los ojos y toma consciencia de tu postura corporal. Cuando consideres que estés simétrico y bien colocado, abre tus ojos y comprueba tu postura en el espejo. Compara lo que sientes internamente y lo que observas en frente tuyo. Realiza si fuera necesario las correcciones oportunas.

- Vuelve a cerrar los ojos y ahora coloca lentamente tus brazos en cruz hasta que consideres que se encuentran nivelados (a la misma altura), guiándote por tus sensaciones internas (cinestésicas). Abre entonces los ojos y compara de nuevo tus sensaciones con lo que observas en el espejo. Realiza los ajustes pertinentes y repite la experiencia.

- Ya con instrumento o con la voz, trabaja brevemente sobre un material sencillo y de memoria. De esta forma mantendrás liberados tus recursos atencionales para la tarea que vas a realizar.
  - Mientras trabajas, cierra de vez en cuando tus ojos y conecta con tus sensaciones internas. Céntrate unos segundos en alguna zona concreta como los hombros, la acción de un brazo o la embocadura. Abre los ojos de vez en cuando para contrastar tus sensaciones con lo que observas en el espejo.
  - Pregúntate a menudo: ¿Se ajusta lo que veo ahora en el espejo con lo que siento corporalmente?

Si realizas con asiduidad esta práctica conseguirás refinar la apreciación de tus sensaciones internas, lo que te abrirá las puertas a ejecuciones más libres y satisfactorias.

7

EL CUIDADO DE LO BÁSICO
Fase de realización 2

Seguimos en plena realización de la actividad musical y en esta ocasión nos vamos a ocupar inicialmente de cimentar aspectos básicos de la técnica. Posteriormente nos centraremos en cómo modificar o reeducar gestos o acciones que entorpecen un óptimo funcionamiento musical.

1. Partir de lo básico

"Ser capaz de producir muchas variedades de sonido, ahora es lo que yo llamo técnica, y es lo que trato de hacer. No me adhiero a ningún método, porque no creo en ellos.
Creo que cada pianista tiene que labrar su propio camino, técnica y estilísticamente."
Vladimir Horowitz (1903-1989). Pianista

Para disfrutar del maravilloso mundo de la interpretación musical, es necesario disponer de un dominio técnico que posibilite ejecutar las notas con precisión y dotarlas de vida. Construir las habilidades técnicas con solidez, resulta por tanto evidente.

Si pretendes obtener mejoras significativas con la voz o con tu instrumento musical, en ocasiones necesitarás bajar unos cuantos peldaños con el fin de fundamentar o recobrar tus mecanismos básicos. Mucho del tiempo y del esfuerzo dedicado a resolver ciertas cuestiones (solucionar un pasaje, ganar en precisión, aumentar la velocidad, disponer de más recursos interpretativos...) se optimizaría considerablemente, si atendiéramos a posibles carencias en asuntos esenciales. Cuando la base no es suficientemente sólida, resulta complicado realizar mejoras a un determinado nivel.

En este apartado nos centraremos por tanto en resaltar la importancia de cimentar los elementos esenciales de la técnica, y en crear el hábito de revisarlos periódicamente. Si al trabajar tu técnica consigues poner en práctica las recomendaciones que vimos en el capítulo anterior en relación con la consciencia y el control, habrás dado un gran paso. Asentar e integrar estos componentes te pondrá en disposición de ser más efectivo en la consecución de tus objetivos musicales.

La regularidad del buen gesto

"La técnica más perfecta es la que no se nota en absoluto."
Pau Casals (1876-1973). Cellista.

Cuando una cuestión técnica no está dominada, la serie de microacciones implicadas en ella no queda secuenciada ni coordinada adecuadamente. El resultado se manifiesta en irregularidad de la actividad muscular implicada en esa acción, de forma que unas veces los movimientos esenciales de la tarea se realizan de una manera, y otras veces de otra. Por el contrario, una cuestión técnica superada, implica precisión y regularidad en el funcionamiento de los componentes corporales esenciales que intervienen en ella.

Resulta interesante comprobar este fenómeno en una clase colectiva de instrumentos de viento mental. Es común en una clase de grupo de trompeta, por ejemplo, disponerse en círculo mientras se ejercitan algunas de las rutinas técnicas que propone el profesor. Cuando se practica un intervalo de dos octavas de diferencia, los estudiantes prueban uno a uno el intervalo varias veces. Es en ese momento cuando se puede apreciar visualmente que la acción de la embocadura en los profesores y en aquellos alumnos que dominan la dificultad, es muy regular en el conjunto de los intentos realizados, a diferencia de los que no lo consiguen.

Si superpusiéramos las imágenes de los intentos al hacer un mismo intervalo amplio, comprobaríamos que los movimientos en la embocadura de los que todavía no dominan esa dificultad no suelen coincidir.

Cuando un instrumentista de viento domina el picado, o el doble picado, las acciones en el interior de la boca son también precisas y regulares. De la misma manera, un instrumentista de cuerda que posee un buen golpe de arco como el *spiccato*, tiende a realizar los movimientos justos. Se trata de una cuestión de economía y eficacia. La tendencia a la regularidad del gesto constituye una consecuencia natural del dominio técnico con un instrumento musical o con la voz.

Alcanzar este nivel de precisión y regularidad tiene efectos muy prácticos, ya que, una vez resuelto el asunto, la mente queda liberada para acudir con mayor eficacia a otras cuestiones. Ya no es necesario estar una y otra vez encima de una dificultad no resuelta, con lo que la atención se puede trasladar con mayor profundidad a elementos de la interpretación o de la comunicación.

Revisar lo esencial

"El conocimiento promueve la destreza. El esfuerzo por describir (análisis) acorta el tiempo de aprendizaje de manera decisiva."
Gerhard Mantel (1930-2012). Cellista y pedagogo.[48]

Resulta esencial comprender la importancia de ser cuidadoso en la supervisión del buen funcionamiento de los elementos técnicos básicos, puesto que el alcance del disfrute musical posterior va a depender enor-

---

[48] Mantel, G. (2001). *Einfach üben: 185 unübliche Übe-Rezepte für Instrumentalisten.* Schott Music

memente de ello. Como vimos en el primer capítulo, el célebre violinista Nicolás Chumachenco, y la mayoría de grandes solistas y profesionales, dedican los primeros momentos de su día musical a ajustar y sintonizar los componentes que conforman la producción de su excelencia musical. Y lo suelen hacer con calma, consciencia y con un material personalizado, que les permite supervisar desde su "ejecutivo central," que cada elemento queda conectado e integrado en una unidad operativa musical de calidad.

El desarrollo de tu capacidad de autorregulación debe llevarte a considerar la importancia de realizar esta tarea por ti mismo, especialmente en periodos de gran actividad, después de prolongados encuentros orquestales o tras periodos amplios de pausa (verano u otras circunstancias). La revisión y ajuste de las habilidades básicas de cada instrumento musical o de la voz, sirve para integrar cuestiones sonoras, corporales y psicológicas. Si realizas esta tarea de forma cuidadosa y continuada estarás contribuyendo enormemente al servicio de tu crecimiento musical.

IDEA OPERATIVA 7-1

Revisar y consolidar los elementos técnicos básicos contribuye a incrementar la seguridad en los propios recursos y a profundizar en el ámbito de la interpretación.

▶ Sé objetivo cuando compruebes el funcionamiento de tu técnica.

▶ Ten claro lo que quieres conseguir.

▶ Comprométete contigo mismo a introducir mejoras en tu técnica.

A continuación dispones de algunas recomendaciones que te ayudarán a organizar mejor la revisión de tus destrezas técnicas básicas.

1. Clarificar la tarea

• Clarifica en qué consiste el elemento técnico que quieres revisar (cambios de cuerda, arco, posición o de registro, producción del sonido, dobles cuerdas, saltos, acordes...). Trata de explicarlo con tus palabras (ver EM 7.1 Técnica de Feynman). Contestar por ti

mismo a las siguientes preguntas también te ayudará en este proceso esclarecedor:
- ¿Qué elementos entran en juego (partes del cuerpo, soporte de la columna del aire, paso del arco.....)
- ¿Cuándo estará bien realizado este (cambio de posición, cambio de registro, ...)? ¿Qué características tendría?
- ¿Qué nivel de dominio tengo de momento?
- ¿Cuánto me falta?
• Elige un material adecuado sobre el que ejercitar las habilidades técnicas que consideres oportunas.

2. Elementos corporales que aportan estabilidad
• Comprueba que tu postura sea natural y te aporta ventajas mecánicas.
• Cuida especialmente la buena colocación y el balance en los puntos de apoyo, ya sea sobre el suelo si haces música de pie, o sobre el asiento con tus isquiones (salientes de la parte inferior de la pelvis), si estás sentado.
• Comprueba que respiras con libertad, sin restricciones en tu caja torácica o en cualquier otra zona.
• Observa cómo incorporas de forma equilibrada el instrumento a ti mismo.
• Mientras trabajas, comprueba el equilibrio y libertad en aquellos componentes que te aportan estabilidad.

3. Supervisión de la realización
• Comprueba en todo momento que tu escucha sea atenta y realmente fiable.
• Establece una relación equilibrada entre la escucha de la producción sonora y los elementos de control corporal y psicológico.
• Utiliza recursos como una grabadora de vídeo con el fin de apreciar aspectos que se te escapen.
• Recuerda la importancia de establecer un control fluido, en lugar de rígido. Cuando detectes algo que no está funcionando bien, toma consciencia de los recursos corporales y psicológicos de que dispones, mantén una actitud receptiva y confía en la capacidad de tu mente para que realice los ajustes pertinentes.
• Fomenta las buenas sensaciones corporales cuando revises las habi-

lidades básicas. Ello contribuirá a que te esfuerces por mejorar tu actitud general.

4. Activa tus recursos mentales

- Represéntate lo esencial de la cuestión técnica concreta. Visualízate a ti mismo ejecutando una habilidad (cambios de posición o de registro, paso del arco, emisiones...). Genera en tu mente vídeos a cámara lenta para comprender y supervisar la acción que pretendes realizar correctamente.
- Emplear preguntas durante el proceso de revisión contribuirá a que percibas y pienses mejor.
  - *Relacionadas con la producción sonora:*
    ¿Estoy obteniendo un buen sonido?
    ¿Estoy realizando con precisión, limpieza, calidad... esta habilidad?
  - *Relacionadas con el cuerpo:*
    ¿Mantengo una postura alineada y abierta?
    ¿Realizo los gestos o acciones con precisión y libertad?
    ¿Estoy canalizando adecuadamente mi energía?
  - *Relacionadas con la mente o actitud:*
    ¿Estoy centrado en el presente, sin establecer juicios negativos y sin prisas?
    ¿Dispongo de una representación mental clara de cómo quiero realizar esta acción?

5. Planteamiento estratégico

- Trabaja por componentes sencillos que vas integrando progresivamente: adecuación del instrumento al cuerpo, buena colocación y disposición de manos, embocadura ...
- Sé cuidadoso y trabaja con precisión. Estás construyendo la base (buenos movimientos, una escucha atenta y refinada, un control dinámico de tu producción sonora y de los medios que empleas ...).
- Llega a la esencia de cada habilidad básica gracias a simplificar la tarea: repite sobre una misma nota, por ejemplo, con el fin de observar y comprender adecuadamente la acción que realizas.

- Utiliza autoinstrucciones verbales para guiar el proceso. (ver capítulo 8).
- Identifica cualquier pequeño error y soluciónalo.
- No pases a un nivel de dificultad o a una velocidad superior, hasta que no hayas conseguido dominar con naturalidad el anterior.
- Disfruta ejercitando y repitiendo lo que ya dominas hasta que realmente quede consolidado.

6. Recurre a la motivación

- Motívate pensando que igual que sucede en la danza, el teatro o las artes plásticas, es necesario establecer unas bases sólidas para poder disfrutar y crear con profundidad.
- Piensa que la autorregulación que desarrollas para garantizar un adecuado funcionamiento de tus habilidades técnicas básicas, presenta además numerosos beneficios en otros ámbitos personales.

DESCRIPCIÓN TAREA			
ESTABILIDAD CORPORAL	Postura: alineada abierta	Integración instrumento	Soltura
SUPERVISIÓN	Cuestiones	Medios sonoras	Correcciones empleados
RECURSOS MENTALES	Visualizar la acción	Formular preguntas control	Actitud constructiva
ESTRATEGIA	Componentes sencillos	Auto-instrucciones	Mantenerse en nivel hasta dominar
EVALUACIÓN DEL PROGRESO	Nivel de dominio (1-10)	Observaciones:	

Cuadro resumen de aspectos que puedes tener en cuenta en la práctica de habilidades técnicas básicas.

Si eres profesor, ten en cuenta lo siguiente. En los aprendizajes tempranos, resulta esencial sentar una buena base técnica con la que los niños establezcan mecanismos de control naturales sobre su producción musical. El reto implica insistir en ciertas habilidades hasta que queden adecuadamente consolidadas, sin que los niños se cansen o pierdan el interés. Esfuérzate por integrar el aspecto lúdico junto a la creación y consolidación adecuada de los componentes técnicos básicos.

El profesor del método Suzuki Jesús García.

Jesús García, pianista y creador junto con la violinista Concha Morató, de la Escuela Suzuki "Música Temprana" en Valencia, considera lo siguiente al respecto:

Para conseguir que los niños practiquen y repitan las veces necesarias, el método Suzuki utiliza esta lógica estrategia: la enseñanza está supervisada y orientada en clase por un profesor especialista y en casa por un entrenador, mamá o papá debidamente formado para ello. Ellos inculcarán un hábito, el de practicar a diario, repitiendo lo que hay que mejorar de una forma creativa y lúdica.

Con una buena dosis de creatividad y recursos lúdicos adecuados a la edad del alumno, profesores y padres Suzuki encienden la llama de la motivación en los niños por repetir un movimiento, determinado sonido, un patrón rítmico, un determinado pasaje con dificultad técnica, una pieza completa o una colección de piezas ya aprendidas. La repetición es asumida por el niño con naturalidad, como un hábito más de su actividad diaria, de su vida.

Por medio de grabaciones concretas y creando un entorno de aprendizaje musical adecuado, los padres también les hacen escuchar las piezas que están aprendiendo o van a aprender en el futuro. Así hemos aprendido todos nuestra lengua materna, por la escucha y la repetición. Repetir sí, pero a través de la motivación, de la emoción.

En la pedagogía Suzuki el hábito de la repetición llega al punto de revisar continuamente el repertorio de piezas ya aprendidas, de manera que no solo no se olvidan, sino que se logran mejoras continuas que solidifican la base técnica, musical y de autoescucha. A mayor revisión de piezas, las habilidades técnicas junto con la calidad de sonido, aumentan de manera decisiva.

2. Reeducar gestos, acciones o actitudes

"Empecé con 10 minutos, luego 15 minutos, luego 20, llegué a una hora. Fue un proceso bastante largo. Entonces, muy naturalmente, pude ver que mis movimientos eran más refinados que antes. Había reconstruido todo, incluida mi mano izquierda, y mi posición del cuello ... "
Maxim Vengerov. Violinista.
Comentario sobre su proceso de recuperación de una lesión
en el hombro.

Corregir o reeducar aspectos técnicos que no funcionan con precisión o que generan problemas, puede resultar una de las opciones más inteligentes en la búsqueda de mejoras (paso del arco con una excesiva participación del hombro, inadecuado soporte abdominal, cierre en la zona de la garganta, digitaciones rígidas y desordenadas, cambios de posición o de registro bruscos, apretar en exceso el labio inferior ...). Si centras tu foco en un aspecto y trabajas conveniente sobre él, a medio plazo comprobarás que ganarás tiempo, y se incrementarán tus perspectivas de desarrollo y disfrute musical.

El paso inicial consiste en detectar cuándo se repite un funcionamiento deficiente. La observación exigente y constructiva de ti mismo te aportará la información que necesitas para iniciar un proceso de cambio, en el que la autorregulación vuelve a ser protagonista. Tal como vimos en el capítulo 1, es una cuestión de incidir e hilar más fino en tres áreas clave: pensamientos, emociones y acciones. A continuación dispones de una propuesta que puedes emplear cuando necesites reeducar algún aspecto técnico, corporal e incluso interpretativo, y que engloba los tres planos personales que acabamos de citar.

- Identifica con claridad cuál es el aspecto que quieres corregir o reeducar. Describe con tus palabras:
  - Qué es aquello que haces inadecuadamente.
    Ejemplo: mis dedos están muy lejos de las llaves (cuerdas, teclado ....) y funcionan con excesiva tensión muscular.
  - En qué consistiría un buen funcionamiento de ese aspecto.
    Los dedos se encuentran curvados y funcionan con soltura y precisión.

- Visualízate a ti mismo realizando adecuadamente la acción.
  - Incluye en la visualización imágenes visuales, sonoras y sensaciones internas (cinestesia).

Puedes visualizarte a ti mismo en primera persona (desde tu ángulo de visión si estuvieras tocando o cantando) o en tercera persona (como si te vieras en un espejo o en una cámara de vídeo).

- Realiza un zoom o ampliación del aspecto concreto que estás trabajando y repítelo unas cuantas veces a una velocidad lenta.

- Asegúrate de que lo que visualizas sea correcto (el gesto o la acción bien realizada). Ten presente la metacognición (consciencia de tus pensamientos), para comprobar si tu representación mental de la acción que vas a realizar es correcta.

• Selecciona un material con el que trabajar (algún fragmento de un estudio, una escala....).

• Ten presente el apartado relacionado con los elementos corporales que acabamos de ver en el punto anterior: postura abierta y alineada, y consciencia de tus sensaciones internas.

• Antes de trabajar con tu instrumento o con la voz toma consciencia de los recursos de que dispones con el fin de ejercer un control fluido sobre ti mismo y sobre el material de trabajo seleccionado: consciencia de ti mismo (corporal y mental) y control dinámico del proceso de ejecución (ver capítulo 5).

• Ejecuta el material seleccionado y emplea pequeñas pausas con un doble fin: anticipar desde tu pensamiento la acción correcta y supervisar como lo estás haciendo.

 - La pausa te ayuda a sustituir el gesto incorrecto o viciado por el adecuado.

 - Ten en cuenta:

 1. Anticipar la buena realización.

 2. Ejecutar la acción a una velocidad que te permita realizar un buen trabajo.

 3. Supervisar si la realización está siendo adecuada.

 4. Ejercer un control dinámico sobre la acción.

- Decir en voz alta las acciones y los pasos que vas realizando te ayudará a ser más consciente de los recursos que empleas.

  Seguimos con el ejemplo anterior:
  - Observo la colocación y el movimiento de mis dedos.
  - Tomo consciencia de las sensaciones internas de mis manos y dedos. En las pausa compruebo que mis hombros permanecen sueltos y abiertos.
  - Pienso de nuevo en la buena colocación y funcionamiento de mis dedos y manos.
  - ¡Bien! Ahora la acción está bien realizada.

  Cuando hacemos más explícitos los pensamientos implicados en la tarea mediante verbalizaciones conseguimos autorregularnos mejor.

- Felicítate verbalmente cada vez que consigas una buena realización. Es importante que valores tus progresos.

- Trabaja por períodos breves con el fin de cuidar al máximo la calidad del proceso reeducación, puesto que esta tarea exige una gran demanda de energía psíquica y autogestión.

Trabajar adecuadamente con pausas representa una de las herramientas más útiles que puedes emplear para sustituir hábitos inadecuados de funcionamiento. Si eres sistemático en relación con la reeducación de algún aspecto que lo requiera, en relativo poco tiempo disfrutarás de una ganancia muy valiosa.

ANTES	Clarifica lo que quieres corregir Analízalo. Explícalo con tus propias palabras.	Parte de una buena disposición corporal Postura alineada y abierta. Conecta cuerpo y mente.	Visualiza la acción correcta Zoom de la zona clave. Velocidad lenta. Imágenes visuales, cinestésicas y sonoras
DURANTE	Utiliza pausas Anticipa mentalmente la acción. Comprueba tu realización.	Di en voz alta las acciones Hazte consciente de lo que piensas y de lo que haces.	Supervisa el conjunto Consciencia corporal. Escucha. Comprueba que estás focalizado

DESPUÉS	Evalúa la experiencia Impresiones generales. Análisis específico.	Cuantifica tu progreso Cuánto está consolidado/integrado el buen gesto: utiliza puntuaciones (1-10)	Establece objetivos de mejora A partir de cada experiencia. Pensando en la siguiente sesión.

Cuadro resumen de aspectos relacionados
con la reeducación de aspectos concretos.

IDEA OPERATIVA 7-2

La autorregulación ayuda a reeducar aquellos aspectos deficientes que suponen una limitación e impiden el progreso.

▶ Anticipa en tu pensamiento la acción correcta.

▶ Utiliza pausas con el fin de gestionar mejor la sustitución de lo erróneo por una acción mejorada.

▶ Realiza sesiones cortas de este tipo de trabajo y sé cuidadoso en el proceso.

Si pretendemos ampliar nuestra competencia musical, insistir en el adecuado funcionamiento de lo básico resulta esencial. Conocernos desde el punto de vista instrumental o vocal, representa el medio con el que identificar aquello que nos interesa revisar, cuidar y en algunos casos reeducar. A partir de aquí continúa nuestro recorrido de propuestas de mejora. En el siguiente capítulo nos centraremos en diversos procedimientos que resultan verdaderamente efectivos en la tarea de administrar mejor la consecución de los objetivos musicales.

RESUMEN DEL CAPÍTULO 7

■ Los músicos experimentados tienden a supervisar de diversas maneras el funcionamiento óptimo de los elementos técnicos básicos.

■ El gesto técnico adecuado tiende a ser regular, es decir, a realizarse de igual manera cada vez y es consecuencia de la destreza. Ello aporta fiabilidad y economía de recursos.

■ Clarificar y analizar un elemento técnico concreto o cualquier aspecto que sea necesario reeducar, contribuye a hacer más efectivo el trabajo.

■ Visualizar la acción adecuada facilita enormemente el proceso de mejora.

■ La reeducación implica autoconocimiento en relación con el funcionamiento instrumental o vocal, autorregulación personal y compromiso con la excelencia musical.

ESTRATEGIAS DE MEJORA

EM 7.1 - DESCRIBE TU HABILIDAD

Cuando quieras revisar algún aspecto técnico básico y trabajarlo de forma consistente puedes utilizar la "técnica de Feynman" para ayudarte. En realidad es un procedimiento que se emplea para aprender con mayor profundidad conceptos complejos en diversas áreas académicas. A continuación dispones de una versión adaptada a la tarea de clarificar cualquier aspecto básico de la técnica en cuatro pasos.

1. Ponle un título a tu destreza (cambios de posición, picado, acordes, cambios de arco, cambios de registro ....).

2. Explica de una forma sencilla y resumida en qué consiste, cuándo estaría bien realizado y cómo se hace. Puedes hacerlo por escrito o dictándoselo a una grabadora de voz.

3. Posteriormente, revisa cómo has relatado la habilidad. El objetivo ahora es comprobar si realmente queda clara tu explicación y contiene la información adecuada. Consulta con tu profesor en el caso de que tengas dudas sobre algún aspecto.

4. Finalmente, simplifica todavía más tu explicación. Imagínate que estás explicando a un amigo que no toca tu instrumento musical o no es cantante, en qué consiste el aspecto que estás trabajando. Trata de que tu explicación sea clara y sencilla.

Con esta práctica, desarrollas procesos cognitivos y metacognitivos que incentivarán tu capacidad de análisis y facilitarán la comprensión y la mejor realización de tus habilidades técnicas o vocales.

EM 7.2 - SIENTA UNAS BUENAS BASES

Como hemos visto en el capítulo, en cualquier actividad interpretativa o en el deporte existen unos fundamentos básicos que resulta imprescindible dominar. De su adecuada consolidación e integración depende gran parte del desarrollo de la actividad. Con este fin, te recomiendo que partas siembre de un contexto corporal y mental que facilite un buen trabajo. Antes incluso de trabajar una habilidad técnica, te interesa crear las condiciones idóneas para ello. La siguiente propuesta puede ayudarte en este cometido.

1. Ayúdate del contacto con una superficie como una pared y colócate como en la figura de la página siguiente. Mantén los pies separados unos centímetros y deja que tu espalda sienta el contacto con la pared. No fuerces nada, simplemente deja que tu espalda se apoye y expanda, y tu cabeza quede centrada sobre los hombros.
   - Suele ser habitual acercar la cabeza al instrumento, en lugar de ser el instrumento el que se integre o aproxime a una posición natural y centrada. Como consecuencia, la cabeza se adelanta y la musculatura del cuello y espalda acaba resintiéndose. Además de afectar al cuerpo, esta tensión innecesaria perjudica también a la calidad del sonido.
   - Para instrumentos en los que la pared impida una buena coloca-

ción, realiza esta actividad apoyado en una columna.
- Para instrumentos en los que se toca sentado, te aconsejo que utilices una silla con respaldo y además, utilices unos cojines con el fin de que tu espalda permanezca alineada en relación con el centro de gravedad.

Trabajo de contacto con una superficie con el fin de sentar las bases del equilibrio corporal en la acción musical.

2. Trabaja con elementos que te permitan tomar consciencia de tu equilibrio corporal y mental (cuerdas al aire, notas largas, vocalizaciones sencillas ...).
3. El objetivo principal es que desarrolles tu capacidad de ejercer un control fluido sobre tu funcionamiento sonoro. Recuerda lo que vimos en el capítulo 6, consciencia y control dinámico.
4. Estimula las buenas sensaciones, la facilidad en la producción del sonido, la naturalidad de los gestos que realizas.
- Siente que sin forzar eres capaz de poner orden en tu cuerpo y obtener un buen sonido.
5. Después de un breve tiempo así, sepárate de la referencia (pared, columna, respaldo ..) y sigue unos segundos con esta misma actitud.

6. Trabaja ahora la habilidad técnica que quieras, manteniendo tu buena disposición mental y corporal.

   - Cuando percibas que el trabajo técnico te lleva a perder la estabilidad y buena disposición corporal, vuelve momentáneamente al procedimiento anterior.

EM 7.3 - REEDUCAR CON AUTORREGULACIÓN

Como hemos visto en el capítulo, la reeducación de un gesto o de un habito negativo relacionado con la ejecución musical, representa una gran oportunidad para enderezar las cosas. Si utilizas procedimientos eficaces de trabajo que incluyan una buena gestión de ti mismo, estarás cada vez más cerca de lograrlo. La siguiente propuesta, complementa lo que hemos visto en el apartado correspondiente del capítulo y te ayudará a conseguirlo.

• Ten preparada una cámara de vídeo para grabar tu práctica. Sitúala en una posición que pueda registrar adecuadamente el aspecto que quieres trabajar.
• Antes de practicar la reeducación, dedica un par de minutos a crear un estado interno que la propicie. En posición sentado, con los hombros sueltos y abiertos y la espalda erguida con naturalidad dirige tu atención a tu respiración durante unos cuantos ciclos: 4 tiempos para tomar aire - 4 para soltar.
• "Preactiva" tu mente para la práctica que vas a realizar. Establece un diálogo sencillo contigo mismo a modo de autoinstrucciones verbales. Ejemplo: voy a dedicarme durante unos momentos a reeducar este aspecto. Mi tarea consiste en dirigir la acción con claridad y calma. Anticipo en mi mente el gesto (o acción) que quiero realizar y después dejo que aparezca. Superviso el proceso para comprobar que está bien realizado.
• Elige una velocidad que te permita controlar con fluidez el proceso.
• Establece alguna contingencia "if .... then" (si .... entonces) como vimos en el capítulo 4, que incluya la posible aparición de algún aspecto relacionado con lo que quieres corregir. Por ejemplo: Si se me suben los hombros, los libero de tensión y dejo que se recolo-

quen. Si aprieto mucho el labio inferior, lo suelto hasta dejarlo en el tono muscular adecuado. Si tenso el pulgar en los cambios de posición, lo libero.

- Elige un material adecuado para trabajar el asunto concreto.
- La plantilla que tienes a continuación está pensada para hacer registros de tu práctica de reeducación en bloques de cinco sesiones.
  - Anota el día de cada práctica.
  - Material con el que trabajas.
  - Evalúa tu sensación de control (tomar consciencia de ti mismo, hacer pausas, anticipar lo que quieres hacer, regular el tempo de trabajo, control corporal ...).
  - Establece una contingencia "si ... entonces" y anótala (ver apartado 4 del capítulo 4) .
  - Anota cuándo vas a realizar la siguiente sesión.
  - Cuando hayas completado las cinco sesiones, anota cómo ha ido tu experiencia.

- Grabar en vídeo cada sesión y visionarla posteriormente te aportará información complementaria que podrás utilizar para optimizar el proceso.

ASUNTO: REEDUCACIÓN				
DÍA	MATERIAL	SENSACIÓN DE CONTROL	CONTINGENCIA "SI... ENTONCES"	SIGUIENTE SESIÓN
1				
2				
3				
4				
5				
GRÁBATE Y EVALÚA TU EXPERIENCIA				

8

CONSEGUIR MEJORAS CON BUENOS PROCEDIMIENTOS
Fase de realización 3

Concluimos la fase de realización con diversas propuestas con las que incidir positivamente en el estudio: entrenamiento en autoinstrucciones, organizadores gráficos e introducción progresiva de mejoras.

1. Dos recursos para optimizar la fase de realización

"Aprendemos más buscando la respuesta a una pregunta y no encontrándola, que lo que aprendemos aprendiendo la respuesta."
Lloyd Alexander (1924-2007). Escritor.

Cuando nos encontramos en plena actividad musical es muy común que nuestra mente se debata entre dos objetivos contrapuestos. Por un lado nuestras metas a medio o largo plazo (una audición, unas pruebas ...) y por otro, el deseo de gratificación inmediata, que supone pretender que todo salga ya, lanzándonos impulsivamente a ejecuciones rápidas y descontroladas. Las dos herramientas que planteamos en este apartado del capítulo están diseñadas para ayudarte a gestionar mejor este dilema.

Entrenamiento en autoinstrucciones

El diálogo interior durante la actividad musical resulta más decisivo de lo que pudiera parecer a simple vista. Lo que nos decimos a nosotros mismos mientras estudiamos un pasaje o una obra, condiciona enormemente la calidad del proceso de aprendizaje. La técnica cognitiva que mostramos a continuación parte del psicólogo Donald Meichenbaum y está diseñada para cambiar precisamente nuestro diálogo interno[49]. Las autoinstrucciones verbales, guían mejor nuestra conducta musical e incrementan los procesos relacionados con el auto-control. Puedes emplear esta técnica en aquellas situaciones en las que te encuentras desbordado emocionalmente, cuando te cueste gestionarte a ti mismo durante el estudio, o también cuando te resulte difícil mantener la concentración. El primer paso en su utilización consiste en que observes y registres el diálogo interno que mantienes contigo mismo cuando realizas una tarea musical concreta (trabajar un pasaje, abordar una dificultad....). Simplemente sé consciente de tus pensamientos mientras realizas la tarea (metacognición).

Puedes seguir el modelo de actuación que aparece abajo con el fin de guiar y diseñar tu procedimiento personalizado de autoinstrucciones. Las preguntas te ayudarán a formular autoinstrucciones más certeras:

- Auto-interrogación: ¿Qué voy a trabajar/hacer? ¿Qué mejora quiero introducir? ¿Tengo claro lo que quiero conseguir? ¿Me encuentro en una buena disposición para trabajar esto? Concretar la auto-instrucción: a continuación voy a ....
- Análisis de tareas: ¿Qué pasos voy a dar? ¿Qué es importante tener en cuenta para facilitar esta mejora? ¿Por dónde me interesa empezar? Concretar auto-instrucción: voy a comenzar con...
- Auto-comprobación: Voy a comprobar de nuevo si este aspecto está bien (soltar el brazo en cambio de posición, la afinación de unas notas concretas, el soporte del aire). Voy a comprobar si mantengo el ritmo/buena disposición corporal/calidad del sonido... en el pasaje. Voy a comprobar si estoy al 100% centrado en la tarea que estoy haciendo. Concretar auto-instrucción.

[49] Meichenbaum, D. (1987). *Manual de Inoculación de estrés*. Martínez Roca.

- Auto-refuerzo: ¡Bien, ya está más libre el hombro derecho y el brazo funciona con mayor libertad! ¡Ahora sí que me he dado cuenta de que el re estaba bajo, bien! ¡Genial. He sido capaz de no precipitarme y he estado centrado en cada paso! ¡Bien esta parada para comprobar si el brazo estaba tenso! ¡Ahora está mejor el ritmo en estas notas! Concretar auto-instrucción.

En ocasiones necesitarás ser más explícito con tus autoinstrucciones. Especialmente, cuando te encuentres bajo presión (clase próxima, pruebas a la vuelta de la esquina sin haber dispuesto de tiempo suficiente para prepararlas) o cuando tus hábitos de desorganización o impulsividad sean elevados. En estas circunstancias es cuando más aconsejable resulta poner en práctica esta técnica. El entrenamiento en autoinstrucciones resulta muy eficaz y te ayudará enormemente a gestionar mejor tu trabajo. Una vez tengas interiorizado el proceso, experimentarás que resulta muy natural hablarte a ti mismo de esta forma constructiva. También puedes emplear las autoinstrucciones con la propuesta del siguiente apartado.

Hacer visible el proceso

"Los docentes piden a sus estudiantes que piensen todo el tiempo,
pero nunca han dado un paso atrás para considerar
qué es lo que quieren específicamente que ellos hagan mentalmente."
Ron Ritchart. Investigador principal en el Proyecto Cero
de la Universidad de Harvard.[50]

Otra ayuda con la que cuentas para administrar mejor tu funcionamiento en la fase de realización, consiste en la utilización de organizadores gráficos. Con ellos puedes hacer visible tus procesos de pensamiento o el acercamiento a tus objetivos. Cuando vemos la esencia de nuestro recorrido sobre un papel, nos hacemos más conscientes de nuestras necesidades y activamos mejor nuestros recursos cognitivos.

---

[50] Ritchhart, R., Church, M., y Morrison, K. (2014). *Hacer visible el pensamiento. Cómo promover el compromiso, la comprensión y la autonomía de los estudiantes.* Editorial Paidós.

A continuación dispones de una propuesta diseñada para abordar de forma más ordenada y gráfica la mejora de un pasaje o sección. Puedes emplearla prácticamente en cualquier fase de trabajo y con cualquier tipo de material: estudios, obras o trabajo técnico.

- Determina inicialmente el pasaje o sección sobre la que quieres trabajar. Su tamaño es variable y depende de aspectos como el nivel de dificultad, tu nivel de dominio o tu capacidad de concentración.
- Establece un objetivo parecido al siguiente: obtener un buen nivel de rendimiento de una sección o pasaje (cumpliendo en todo el pasaje con las características o parámetros del criterio de calidad establecido, ver capítulo 4).
- Elige un tempo que realmente te lo permita (en función del tiempo que lleves con la obra, etc.).
- Diseña un sencillo plan de acción con el fin de alcanzar en varios pasos el objetivo.
- Dibuja en un papel una escalera con tantos peldaños como pasos hayas establecido. Sitúa en el peldaño superior el título del pasaje o sección en cuestión (objetivo) y establece el criterio de cuándo consideras que quedará cumplido el objetivo.
- Escribe debajo de cada peldaño en qué consiste cada paso de tu recorrido hacia el objetivo final.

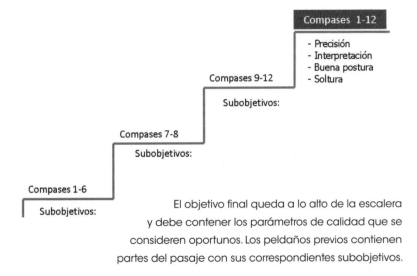

El objetivo final queda a lo alto de la escalera y debe contener los parámetros de calidad que se consideren oportunos. Los peldaños previos contienen partes del pasaje con sus correspondientes subobjetivos.

- Trabaja el primer paso hasta conseguir que tanto tu rendimiento como los medios que empleas, sean óptimos.
- Dibuja entonces un círculo (pelota) o cualquier otro signo indicativo, encima de ese peldaño (es importante que antes de poner el círculo verifiques que efectivamente está bien). La posición de la pelota representa dónde te encuentras en el proceso de acercamiento a tu objetivo.
- Felicítate por haberlo conseguido.

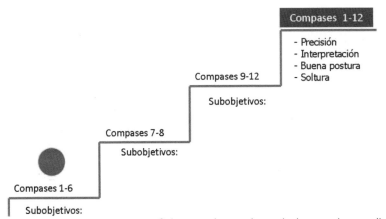

Solo cuando queda verdaderamente resuelto el primer subfragmento (peldaño), ponemos el símbolo que nos indica qué parte del recorrido hacia el objetivo final se encuentra ya bien realizada.

- Pasa al siguiente escalón y renueva tu compromiso con su buena realización. Coloca la pelota sobre el peldaño cuando consideres que tu rendimiento sea realmente óptimo.
- Ve acumulando pequeños logros (peldaños). Finalmente, trata de integrar todas las mejoras (peldaños) con el propósito de alcanzar tu objetivo final: el buen rendimiento del pasaje entero.

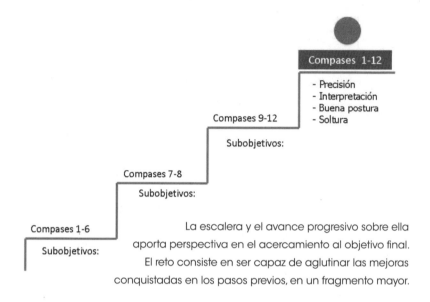

Compases 1-12
- Precisión
- Interpretación
- Buena postura
- Soltura

Compases 9-12

Subobjetivos:

Compases 7-8

Subobjetivos:

Compases 1-6

Subobjetivos:

La escalera y el avance progresivo sobre ella aporta perspectiva en el acercamiento al objetivo final. El reto consiste en ser capaz de aglutinar las mejoras conquistadas en los pasos previos, en un fragmento mayor.

El hecho de confeccionar el gráfico a medida que trabajas el pasaje o sección te ayudará a regularte mejor a ti mismo. Al permanecer más activo en la búsqueda de la excelencia musical y visualizar el progreso, ejercitarás mejor las funciones ejecutivas que vimos en el capítulo 1, e incrementarás tu concentración. Los ingredientes básicos de esta propuesta son: establecer un objetivo, planificar los pasos con el fin de alcanzarlo, supervisar que cada paso se encuentre bien realizado, comprometerte a esperar hasta realmente alcanzar un buen resultado en cada paso, tomar decisiones de forma más consciente, esforzarte por integrar tus mejoras hasta conseguir el objetivo completo.

IDEA OPERATIVA 8-1

Las autoinstrucciones están diseñadas para ayudar a dirigir mejor la conducta.

▶ Parte inicialmente de conocer cómo te hablas a ti mismo (autodiálogo).

▶ Diseña tus propias autoinstrucciones en función de tus verdaderas necesidades.

IDEA OPERATIVA 8-2

Reflejar en un gráfico los pasos que conducen hacia un objetivo musical contribuye a ser más consciente del proceso y a emplear mejores recursos cognitivos.

❱ Diseña tus propios gráficos en relación con aspectos como: tiempo de estudio, distribución del tiempo de estudio, nivel de los progresos con una obra determinada....

❱ Activa tu parte más estratégica a partir de los gráficos que utilices: ¿qué ideas se me ocurren para mejorar este aspecto?, ¿qué pasos puedo plantear la próxima vez que trabaje este pasaje?...

---

2. Introducción paulatina de mejoras

"No busquéis un progreso grande y rápido.
Buscad pequeñas mejoras cada día, es el único modo de lograrlo y,
cuando se consigue, es duradero." [51]
John Wooden (1910-2010). Uno de los entrenadores de baloncesto más reconocidos en la historia de EEUU.

Los músicos competentes son verdaderas máquinas de autoorganización para obtener mejoras. Cada uno utiliza su sistema particular de trabajo, pero en todos ellos coincide una especie de microtécnica de la eficacia. En una de las investigación que llevé a cabo con motivo de mi tesis doctoral y que comenté en el capítulo 6, me quedé asombrado con lo comprometidos que se encontraban los estudiantes más brillantes durante su estudio. Las ganas de acercarse a la excelencia musical llevaba a estos alumnos a ponerse las pilas, activando de forma dinámica sus mejores recursos para lograrlo.

La propuesta que tienes a continuación está basada en la observación del funcionamiento de dichos estudiantes durante sus sesiones de estudio, junto a otras investigaciones en el área de la psicología de la

---

[51] Wooden, J. (2010). *The Wisdom of Wooden*. New York, McGraw-Hill Education.

música. Puedes emplearla con diverso material (estudios, obras, trabajo técnico, ...) y adaptarla a tus circunstancias personales. Lo destacable de este planteamiento reside en el desarrollo de la autogestión durante el proceso de mejora de un pasaje o de una obra.

A continuación se presenta el esquema con los apartados que conforman la propuesta, y posteriormente pasamos a analizarlos uno a uno.

a. Delimitar y evaluar

Realiza una pasada inicial del material de trabajo (un estudio, una sección de una obra o incluso un tiempo entero), con el fin de comprobar en qué estado se encuentra.

- El *tempo* empleado dependerá de factores como el tiempo que llevas con la obra o tu nivel de dominio. En cualquier caso, como se trata de una pasada exploratoria, resulta aconsejable que el *tempo* tienda a acercarse al definitivo. Esto te permitirá identificar áreas que necesitan revisión y un trabajo más profundo.

Decide centrarte en un fragmento o sección que te interese trabajar.

- El tamaño del fragmento es relativo. Si te encuentras en las fases iniciales de estudio es preferible que éste sea más reducido que si ya llevas más tiempo con una obra.
- Si lo prefieres puedes utilizar un metrónomo para realizar esta pasada. Lo importante es que el *tempo* de trabajo, se ajuste ahora a tu capacidad de realizar una ejecución de calidad. Por lo general se suele trabajar mucho más rápido de lo aconsejable, con lo cual se descuidan aspectos importantes.
- Mantén ya activado tu criterio de calidad. Es decir, aquellas características sonoras y de apoyo (corporales y psicológicas) que te interesa que funcionen a un nivel excelente (ver capítulo 4).

Realiza una pasada de ese fragmento y **evalúa**, tanto la calidad de lo que produces sonoramente, como los medios que empleas para ello.

- Mantén una actitud constructiva y positiva al evaluar tus ejecuciones. Realiza evaluaciones operativas y prácticas que te ofrezcan constante *feedback* y que te permitan ajustar tu rumbo en la buena dirección.
- Mantén activado tu particular control de calidad en diferentes áreas (sonido, interpretación, uso del cuerpo, nivel de concentración...). Ello te ayudará enormemente a permanecer orientado hacia la excelencia en tu trabajo.
Preguntas activadoras
  - ¿Qué tal ha ido?
  - ¿Qué necesito mejorar?
  - ¿Estaba concentrado?
  - ¿Estaba suelto y bien colocado?
  - ¿Tenía claro lo que quería conseguir?

b. Establecer un objetivo de mejora y el compromiso con lograrlo

Ahora es el momento de dar un paso importante. A partir de las evaluaciones realizadas en el fragmento que has ejecutado, elige un aspecto susceptible de mejora (el sonido, el *tempo*, la precisión, la afinación de unas notas concretas, el carácter de una frase, la soltura de la muñeca ...).

- Decide por qué mejora comienzas. Puede ser aquello que más resalte, o bien algún aspecto o componente clave para construir el pasaje (clarificar el ritmo, clarificar la idea musical, liberar la musculatura, respirar ...).
- Delimita los compases sobre los que te vas a centrar y concreta la mejora que quieres obtener. La mente necesita que seamos específicos en nuestros objetivos, porque de esta manera activa mejor sus procesos naturales de logro.
- Si pretendes corregirlo todo e inmediatamente, cometerás el error más común y progresarás menos. Trata de ser estratégico con el fin de ganar en eficacia.
- Tómate la mejora que quieres conseguir como un reto, como un pequeño incremento en tu excelencia musical.
- Establece un compromiso personal con su consecución: pongo en marcha todos mis recursos con el fin de alcanzar al máximo esta mejora.

c. Operar y conseguir

Trabaja con el aspecto específico que pretendas mejorar. Una imagen o metáfora representativa de esta situación podría ser que transitas por una autopista, te sales momentáneamente de tu ruta, y te detienes un momento en un área de servicio para ocuparte de aquello que requiere tu atención.

- Clarifica en qué consiste la dificultad y cómo puedes solventarla.

- Opera sobre el pasaje:
  Desarrolla las estrategias que consideres más apropiadas para la mejora que quieres introducir (ver capítulo 4):
  - Pasa mentalmente el pasaje o cántalo.
  - Descomponlo en elementos más simples.
  - Baja la velocidad hasta un punto que te permita obtener la mejora.
  - Realiza repeticiones de calidad en la que supervisas tanto el buen rendimiento sonoro como los medios que empleas (buena disposición corporal y mental).

- Dedica un tiempo razonable para lograr la mejora. En ocasiones bastarán unos cuantos segundos, si se trata de una mejora muy específica y fácil de lograr, mientras que en otras ocasiones necesitarás más tiempo. Trata de que el proceso sea dinámico y lineal, no te entretengas demasiado.

- Si la dificultad excede lo que puedes mejorar en el momento, programa una salida especial a otra "área de servicio" para un momento posterior: refuerza las competencias técnicas que supongan una carencia, busca material extra con el que trabajar esa dificultad, date más tiempo para dominar los componentes básicos de la dificultad...

- Comprueba que realmente has conseguido mejorar total o considerablemente el aspecto que pretendías. Encuentra un equilibrio entre el perfeccionismo exagerado y el conformismo.

d. Integrar

Después de trabajar sobre el asunto concreto y obtenida una mejora significativa, dejamos el "área de servicio" y volvemos al camino.
- Ejecuta el fragmento entero a un *tempo* que consideres que te permita integrar con calidad la mejora lograda.

- Centra tu atención y anticípate al pasaje concreto que has trabajado previamente. No intentes que salga bien, simplemente sé consciente de que va a venir, y deja que tu "mente más global" tome las riendas de la ejecución. Deja que fluya el pasaje y toma posteriormente nota de cómo ha ido.
- En los pasajes que resulten difíciles y rápidos, el incremento de velocidad no debería ser la prioridad. Date más tiempo para que tu cerebro consolide los circuitos neuronales responsables del dominio de las dificultades. Si pretendes aumentar antes de tiempo la velocidad, no realizarás bien tu trabajo, con lo que los resultados que obtengas no serán de tanta calidad, ni tan fiables. Demuestra que eres capaz de gestionarte mejor a ti mismo en el proceso de mejora, y suaviza el impulso de ir más rápido de lo aconsejable. Motívate pensando en la excelencia musical que pretendes alcanzar con esa obra cuando la interpretes en público.

Este es el esquema básico de funcionamiento. A partir de él dispones de múltiples opciones de aplicación. En función de las circunstancias y de tu criterio, puedes introducir otra mejora en el mismo pasaje, o bien continuar con el siguiente. El lema principal consiste en introducir mejoras estratégicas y paulatinas que confieran a tus ejecuciones una calidad creciente, tanto en el aspecto sonoro como en el de los recursos que te permitan ejecuciones satisfactorias en público.

Una de las tareas principales al estudiar de forma eficaz tiene que ver con la autogestión en el constante proceso de toma de decisiones. Algunas decisiones que debes tomar y renovar en cada nuevo pasaje en el que pretendas obtener mejoras se encuentran en relación con:

- La selección del fragmento y la extensión del mismo.
- El *tempo* al que lo vas a trabajar.
- La identificación de un aspecto susceptible de mejora.
- La forma de operar sobre ese aspecto.
- La confirmación de que la mejora está conseguida.
- La integración en el pasaje.
- La elección de un nuevo pasaje o la introducción de otra mejora en el mismo.

Observa el esquema de abajo. En él aparecen algunos de los componentes clave implícitos en la propuesta que acabamos de ver: evaluaciones constantes (sonoras, corporales y psicológicas), concreción en las mejoras a obtener, deseo y compromiso por alcanzarlas, focalización en su consecución y empleo de estrategias eficaces.

Beneficios de la propuesta de mejora

El procedimiento que hemos utilizado es muy general, sin embargo, la clave de su éxito se encuentra en la metodología y filosofía que alberga. A partir de un criterio de calidad, se establece una línea base en el pasaje elegido y se van introduciendo mejoras progresivas y significativas.

- La búsqueda de la excelencia se administra de forma respetuosa con las propias capacidades y con las mismas leyes naturales del aprendizaje.
- Con la vista puesta en las metas musicales a más largo alcance, lo destacable consiste en desarrollar el gusto por la calidad, junto con el cuidado de aquello que se encuentra en proceso de elaboración.

Mi experiencia en el grado superior muestra que a los alumnos les cuesta vencer la tentación de apresurarse más de lo conveniente en la obtención de resultados. Las exigencias del currículo, junto a la presión que supone la próxima clase, les lleva a menudo a descuidar aspectos relevantes del proceso de aprendizaje. Esto se traduce en pretender abordar más de lo aconsejable y a hacerlo con prisas, en lugar de explorar otras opciones que incluyan la atención a la calidad del proceso. La autorregulación, protagonista de nuestro libro, tiene aquí su máximo exponente. Como en tantas otras ocasiones, nos debatimos entre el deseo de obtener resultados a corto plazo, y la consecución de logros de calidad a más largo plazo. Está en tus manos encontrar un equilibrio entre ambas opciones.

Tras la aplicación de esta propuesta de trabajo en el contexto académico del grado superior, algunas de las conclusiones que mis alumnos y yo hemos apreciado son las siguientes:

- Se produce un incremento de la sensación de eficacia en el trabajo (autoeficacia). Los pequeños logros que se van obteniendo son valorados y puestos en perspectiva. La consecuencia de ello se traduce en una mayor motivación por el estudio y un incremento de la confianza.
- La concentración mejora enormemente al realizar evaluaciones constantes, establecer un objetivo concreto, y mantenerse focalizado en comprobar si se alcanza o no la mejora.
- Este procedimiento es más variado que la mera repetición, lo que resulta más atractivo para le mente.
- Desarrolla la autorregulación personal y la toma de decisiones durante el estudio.
- Permite que se graben mejor los aprendizajes, debido al incremento de motivación y concentración.
- Estimula una mentalidad más sana. No tiene que estar todo perfecto en el pasaje para que el estudiante se sienta satisfecho, sino que se valoran los logros progresivos que se van incorporando con las mejoras.
- La sensación de que el tiempo de trabajo pasa más rápido es común y se corresponde una de las características de los estados motivacionales de las llamadas experiencias de flujo[52].

---

[52] Jackson, S. A. y Csikszentmihalyi, M. (2001). *Fluir en el deporte. Claves para las experiencias y actuaciones óptimas.* Paidotribo.

IDEA OPERATIVA 8-3

Establecer objetivos de mejora a partir de evaluaciones de la producción sonora y de los medios empleados, activa un eficaz mecanismo de aprendizaje.

▶ Sé constructivo con tus evaluaciones y emplea esa información para ampliar tu calidad musical.

▶ Administra las mejoras paulatinamente, no todas a la vez.

▶ El compromiso con la obtención de las mejoras que te propongas, contribuirá a que se activen importantes recursos cognitivos.

RESUMEN DEL CAPÍTULO 8

■ A través de las autoinstrucciones verbales podemos guiar la conducta de forma más eficaz, especialmente en situaciones particularmente más complejas.

■ Los músicos más brillantes se encuentran comprometidos con la consecución continuada de mejoras.

■ Utilizar organizadores gráficos durante el estudio contribuye a regular mejor nuestros pensamientos y acciones.

■ Establecer una línea base sobre un pasaje o sección e ir mejorando aspectos en función de las evaluaciones realizadas, aporta una guía efectiva en el trabajo.

■ Sin evaluaciones objetivas y precisas no se inicia realmente un trabajo musical de calidad.

■ La concreción en las mejoras que se pretenden obtener y el compromiso por lograrlas, facilita el proceso de logro.

ESTRATEGIAS DE MEJORA

EM 8.1 - RECONDUCIR LAS EMOCIONES NEGATIVAS INTENSAS

Cuando te encuentres estudiando y te asalte una emoción negativa intensa, consecuencia por ejemplo de la frustración por un pasaje que no hay forma de que salga, prueba a proceder de la siguiente manera.

- **Antes:**
- Ten en cuenta que las emociones dependen esencialmente de lo que nos decimos a nosotros mismos sobre los hechos o las situaciones.
- Las dificultades y problemas forman parte de cualquier proceso de aprendizaje. Aprendemos mediante ensayo-error.
- Desarrollar una actitud de mejora incluye aceptar los inconvenientes, analizarlos y sacar el mejor partido de ellos. En lugar de enfadarte porque algo no te sale, trata de ver la situación de una forma más constructiva.

- **Durante:**
- Una vez te haya invadido una emoción negativa detéctala, reconócela como tal.
- Conecta con la emoción. Siéntela y acéptala sin pensar o racionalizar. Identifica en tu cuerpo las manifestaciones más evidentes de la emoción.
- Después de unos instantes respira profundamente y suelta cualquier tensión muscular retenida en zonas como la nuca, la mandíbula, los hombros, u otras partes que tienden a tensarse en esas situaciones.
- Puesto que en este tipo de situaciones las hormonas relacionadas con el estrés invaden el cerebro y tienden a mantenernos atrapados en ella, ten preparado de antemano el siguiente paso:
- Sigue adelante con otra actividad (cambia de pasaje, realiza un poco de estudio mental, haz un par de estiramientos, ...). De esta forma no reactivas el círculo vicioso: pensamiento negativo - emoción negativa - proceso fisiológico relacionado con el estrés.

- **Después:**
- Evalúa cómo has gestionado esta vez la emoción negativa.
- Celebra cada vez que consigas manejar un poco mejor este tipo de situaciones. De esta forma incrementas tu capacidad de gestión ante las dificultades, lo que además tiene implicaciones muy positivas en otros ámbitos personales.

EM 8.2 - MAPA DE FLUJO DE UNA OBRA

Tal como hemos visto en el capítulo, los organizadores gráficos nos ayudan a conectar mejor con nuestros procesos de pensamiento y contribuyen también a organizar mejor nuestras experiencias musicales. La plantilla de "Mapa de Flujo" que tienes a continuación presenta diversas utilidades, aunque su función principal consiste en reflejar las partes y la continuidad de una obra musical, un tiempo de una obra, un estudio, o cualquier tipo de material de estas características. Disponer en un golpe de vista del mapa de la obra que estás trabajando te aporta una perspectiva más amplia y global.

- Divide la obra en partes respetando su secuencia cronológica. No necesariamente tienes que seguir un criterio de análisis formal o armónico. Piensa más bien que se trata de una película o una obra de teatro compuesta por escenas. A partir de la partitura y de tu conocimiento de la obra, decide en qué escenas divides la obra. Lo importante es que sepas lo que pasa musicalmente en cada escena y cómo se desarrolla.
- Confecciona entonces un "mapa de flujo" como el siguiente con el fin de plasmar la estructura de la obra. Utiliza números, letras, o títulos para designar cada escena: Escena 1, Escena 2 ....
- Dibuja o escribe elementos distintivos en cada casilla con el fin de identificar cada escena. Puedes utilizar símbolos, colores, palabras, motivos característicos de la escena (rítmicos, melódicos ...).
- Cuando tengas el mapa completado trabaja mentalmente con él. Es decir, sigue el recorrido musical del mapa a partir de las indicaciones que has reflejado en él, mientras evocas en tu interior como suena la obra.

- Identifica cualquier laguna o duda en el recorrido y ajusta si fuera necesario cualquier elemento del mapa.
- A partir de aquí, puedes utilizar el mapa de flujo que hayas confeccionado de diversas maneras:
  - Organizar tu trabajo teniendo en cuenta las ideas o secuencias musicales.
  - Identificar y seleccionar partes en las que necesitas realizar un trabajo técnico o interpretativo más profundo.
  - Clarificar cuestiones relacionadas con la continuidad y coherencia del discurso musical.

APRENDER DE LA EXPERIENCIA
Fase de reflexión

En el último capítulo nos dedicamos a evaluar y analizar los resultados de las experiencias musicales. En él se destaca la objetividad en la autoevaluación, la importancia de una adecuada atribución de los resultados, las reacciones emocionales que producen y finalmente la reflexión constructiva de todo el proceso.

1. Revisar la experiencia

"Nunca desanimes a una persona que progresa continuamente, no importa lo lento que vaya."
Platón (427 a. C-347 a. C). Filósofo.

La tercera fase de nuestro modelo de autorregulación del aprendizaje tiene lugar a posteriori, una vez acabada la tarea musical. Si desarrollas la capacidad de evaluar por ti mismo tus resultados musicales, incrementarás tu autonomía y generarás una espiral natural de progreso.

Tras una semana de trabajo, una clase, un examen, un cursillo, una masterclass, una audición o cualquier tipo de actuación, se nos brinda la ocasión de evaluar si hemos tenido éxito o no con nuestros propósitos, y de reflexionar sobre ello. En esta enriquecedora etapa realizamos un balance de los resultados obtenidos, pero también de aspectos como la conveniencia de los objetivos que nos hemos marcado o de las estrategias empleadas. Revisamos la experiencia en una gran diversidad de aspectos. Es la ocasión de aprender después del esfuerzo, del intento, de la acción.

• Nuestra mente reflexiva elabora toda esta información y extrae savia nueva para el nacimiento de un nuevo caudal de experiencias de aprendizaje. De esto se encarga la metacognición, de la que hemos hablado en diversos capítulos, e incluye el hecho de ser conscientes de lo que sabemos y de lo que no sabemos, de lo que ha funcionado y lo que no.

• El modelo de autorregulación del aprendizaje es muy eficaz, entre otras cosas, por su carácter cíclico. Lo que ha sucedido en la fase previa (planificación) y en la fase de realización (sesión de estudio, actuación ...), lo contemplamos ahora bajo una mirada analítica y constructiva. Esta revisión nos permite realizar ajustes y "recalcular la ruta" de nuestro recorrido musical.

• Si mantienes una actitud objetiva y constructiva, cada dato de tus observaciones aportará interés y valor en tus aproximaciones sucesivas hacia la excelencia musical.

• El diario musical es un extraordinario recurso para volcar en él tus impresiones una vez concluida tu tarea musical: datos de interés, *insights*, referencias a grabaciones que hayas realizado .... Es importante que lo tengas cerca, porque algunas ideas interesantes surgen como una chispa, justo cuando nuestra cabeza está todavía en "modo reflexión", pero se desvanecen con la misma rapidez que aparecieron. Merece la pena aprovechar la facultad que posee nuestro pensamiento inconsciente, consistente en profundizar por su cuenta en asuntos que nos importan. La mente no ha acabado todavía su trabajo. Se encuentra procesando la experiencia pasada, en capas profundas que albergan múltiples informaciones y que en ocasiones quedan integradas en forma de pequeños diamantes de mejora.

Autoevaluación

La autoevaluación que llevamos a cabo en esta etapa, consiste en juzgar o evaluar nuestros resultados musicales. Por lo general, este tipo de autoevaluaciones tienen en cuenta:

* Las referencias externas con las que puedas contar (cómo has quedado en una prueba de atril, la valoración de tu profesor después de una clase, la nota que has obtenido al final de un trimestre o curso ...).

* Tu propia valoración personal en relación contigo mismo (si has alcanzado las mejoras que te habías propuesto para tu sesión de estudio, para una actuación, si has conseguido los objetivos o subobjetivos que pretendías...).

* Tu valoración en relación con el rendimiento de otros (cómo valoras tus resultados al compararlos con los de otros estudiantes, en relación con diversos parámetros como el nivel técnico o la capacidad comunicativa...).

En esta labor evaluativa debemos ser objetivos, porque de este modo la información recabada resulta de inestimable ayuda para seguir progresando. ¿He conseguido la mejora que esperaba? ¿He realizado una buena prueba? ¿He conseguido buenos los resultados en este curso? ¿He mejorado mi concentración en la sesión de estudio de hoy? ¿He sido capaz de controlar mis impulsos al estudiar más que en otras ocasiones?

Disponer de cierta organización en la tarea de realizar tus autoevaluaciones ayuda enormemente. Aquí tienes algunas propuestas encaminadas a ello:

* Es importante que recuerdes cómo han ido tus experiencias de aprendizaje, tu preparación para una actuación o la propia actuación. Gracias a esta información podrás conectar tus experiencias pasadas con las actuales y las futuras.

* Las grabaciones tanto de audio como de vídeo de tus sesiones de estudio y de tus actuaciones, te aportarán una información objetiva de la que debes aprender a sacar partido.
  - Pregúntate por lo que escuchabas y sentías mientras estabas trabajando, y compáralo con lo que aparece en la grabación.

- Sé exigente en tu apreciación perceptiva en diversas cuestiones: la precisión de la afinación o del ritmo, la expresión, interpretación...
- Analiza tu funcionamiento corporal.
- Observa cuestiones relacionadas con los movimientos que realizas. Pregúntate si los movimientos y gestos que realizas se ajustan realmente a lo que quieres transmitir.

• Tras una clase o actuación, compara tus impresiones o tu propia valoración sobre tu rendimiento, con el *feedback* que te proporcione tu profesor.

• Después de una actividad musical, tómate un momento para relajarte, respirar y rebobinar en tu mente la experiencia pasada. Trata de recordar lo que pensabas, lo que sentías y lo que has hecho. ¿Cómo has trabajado un pasaje difícil? ¿Cómo ha sido tu reacción cuando veías que no salía?

• Evalúa lo más objetivamente que puedas tu rendimiento, sobre todo en aquellos aspectos que más te interese mejorar. Si antes de realizar la actividad musical (fase de planificación) disponías de objetivos concretos, te resultará más fácil realizar esta tarea.

• Diseña tu propia plantilla de evaluación y establece un sistema de puntuación en diferentes apartados: concentración, actitud, sensación de control... Trabajar de esta manera ayuda a objetivar un poco más tus observaciones y a comparar linealmente tu progreso.

• Cuenta con la opinión de otros compañeros.

• Desarrolla la consciencia de ti mismo, de tus procesos de pensamiento (metacognición): si tenías claro lo que querías conseguir, si te lo has representado mentalmente, si has pensado en posibles formas de trabajarlo, si eras consciente de tus emociones, si has revisado cómo lo estabas haciendo y te has propuesto mejorarlo ...

Valoraciones objetivas y constructivas

"Nunca he cometido un error. Tan solo he aprendido de la experiencia."
Thomas A. Edison (1847-1931). Inventor.

Como seres humanos que somos, nos encontramos muy lejos de ser perfectos y tarde o temprano nos llega el momento de asumirlo. Además, por una cuestión filogenética, deberíamos contar con el hecho de que nuestro cerebro se encuentra configurado para advertir más pronto lo negativo que lo positivo. El cerebro del músico que ya tiene cierto nivel, además, es un verdadero especialista en detectar errores. Lo cual está muy bien, porque ello permite mejorar y avanzar subsanándolos, pero presenta al mismo tiempo una contrapartida poco deseable. Los errores muestran a menudo una connotación en el ámbito de la música clásica en especial, excesivamente negativa, que por algún motivo no sabemos manejar convenientemente. La exageración subjetiva del error suele conducir a patrones mentales de preocupación, conectados con manifestaciones corporales de excesiva tensión. Como tantas cosas en esta vida, el asunto no está en el hecho en sí mismo, sino en cómo nos lo tomamos, en los juicios de valor que nosotros mismos incorporamos.

Quizás nos encontramos ante una buena ocasión para reconsiderar cómo reaccionamos ante los errores. La profesora de violín de la Universidad de Indiana Mimi Zweig, insiste mucho con sus alumnos en que aprovechen al máximo todas sus experiencias. Aún siendo muy exigente en su trabajo, esta reconocida pedagoga intenta transmitir lo siguiente: "Estudia y actúa en un contexto donde los 'errores' no sean ni buenos ni malos, sino que sean utilizados como información".

- Aprendemos mediante ensayo y error, en un contexto en el que el amor por la música y el deseo de progresar deberían estar siempre presentes. Aquel que es capaz de revisar sus fallos de una forma inteligente y constructiva, tiene mucho que ganar.
- Las valoraciones tan negativas y tan comunes en el mundo de la música, producen un doble efecto nocivo. Por un lado, dañan progresivamente la autoestima, pero además generan un colapso a nivel cognitivo, ya que impiden analizar lo que ha sucedido con el fin de sacar un partido provechoso de las experiencias.
- En relación con la actividad musical, cada uno de nosotros disponemos de puntos fuertes, aspectos que por cualquier razón se nos dan mejor, y puntos débiles, áreas susceptibles de mejora. Cuando estamos dispuestos a reconocerlos y a utilizarlos de forma inteligente en nuestros próximos intentos, contribuimos a expandir nuestro potencial musical. La autoevaluación sincera y constructiva, nos hace más conscientes de la naturaleza de nuestros recursos, y nos concede la

posibilidad de crecer a nivel personal y musical. Las experiencias por las que pasamos representan los soportes con los que afrontar los próximos desafíos.

IDEA OPERATIVA 9-1

La información objetiva de los resultados obtenidos representa el material sobre el que realizar un análisis constructivo de las experiencias musicales.

▶ Desarrolla tu capacidad de reunir datos de tus experiencias en los tres niveles con los que hemos trabajado: pensamientos, emociones y acciones.

▶ Ayúdate de procedimientos como registros personales o grabaciones de audio y vídeo.

▶ Parte de una actitud inteligente, es decir, los errores no son ni buenos ni malos, sino fuente de una valiosa información para mejorar.

2. Atribución de los resultados

"Uno de los defectos de la educación superior moderna es que hace demasiado énfasis en el aprendizaje de ciertas especialidades,
y demasiado poco en un ensanchamiento de la mente y el corazón
por medio de un análisis imparcial del mundo."
Bertrand Russell (1872-1970). Filósofo.

Nuestras expectativas de cara al futuro después de una prueba, una audición o un examen queda condicionada por nuestra particular manera de explicarnos el porqué de los resultados alcanzados. La psicología las denomina atribuciones causales y representan el resultado de una búsqueda interna particular.

El psicólogo social Bernard Weiner, desarrolló un modelo explicativo sobre las vinculaciones motivacionales y emocionales relacionadas con los resultados que obtenemos en diversos ámbitos[53]. Después de haber alcanzado o no un objetivo, percibimos sentimientos de satisfacción o frustración respectivamente y comenzamos entonces a buscar las causas de lo sucedido. Según este investigador, nuestras expectativas de éxito futuras dependen, más que del éxito o del fracaso en sí mismos, de las casusas a las que atribuimos nuestros resultados, como aparece en el esquema de abajo.

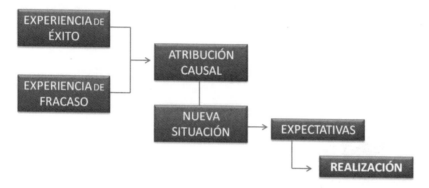

Las evidencias muestran que cuando experimentamos un fracaso, las valoraciones que realizamos de sus causas son en ocasiones sesgadas y poco objetivas, lo que conduce en estos casos a bajas expectativas y a un descenso en la motivación. Ser exigentes con nuestra actividad musical, no tiene por qué incluir el desprecio o la negatividad, cuando los resultados no son los esperados.

- Atribuir el fracaso a causas perdurables y de las que no tenemos control produce insatisfacción.
- Sin embargo el fracaso puede convertirse en un potente resorte de mejora, si en lugar de atribuirlo a la falta de capacidad, lo hacemos a la falta de un suficiente y buen trabajo.
- Con este cambio de atribución, en lugar de producirse una respuesta emocional de indefensión (no soy capaz, no sirvo), se produce una reacción de responsabilidad personal, que conduce a emprender acciones de mejora.

[53] Weiner, B. (1992). *Human Motivation: Metaphors, Theories, and Research.* Sage Publications.

Weiner, B (1985). «An attributional theory of achievement motivation and emotion». *Psychological Review* 92 (4): 548-573.

En el contexto de la autorregulación en el que nos encontramos, resulta conveniente considerar que los logros o mejoras alcanzados son consecuencia de nuestro esfuerzo y del cuidado puesto en los medios empleados. Ambos aspectos son controlables por nosotros mismos, se encuentra en nuestra mano modificarlos. Otras dimensiones a tener en cuenta en relación con la causalidad, tienen que ver con si el rendimiento que obtenemos en una situación determinada queda explicado por aspectos internos o externos, o por cuestiones estables o inestables.

IDEA OPERATIVA 9-2

Ser conscientes de a qué factores atribuimos nuestros éxitos y fracasos nos ayuda a identificar explicaciones que resultan clave para nuestras expectativas futuras.

▶ En lugar de atribuir un fracaso a tu falta de capacidad, revisa tu apreciación y comprueba si no ha sido debido más bien a la falta de esfuerzo u organización, que se encuentra más bajo tu control.

▶ La motivación se incrementa cuando nos sentimos satisfechos con el efecto que hemos producido.

3. Reacciones emocionales

Como acabamos de ver, nuestro grado de satisfacción o insatisfacción después de un clase, un concurso o un examen depende en gran medida de nuestra particular manera de evaluar los resultados. La motivación musical es muy sensible a cómo reaccionamos ante los acontecimientos que más nos importan.

Es obvio que si el resultado obtenido es bueno, tenderemos a experimentar emociones gratas que afectarán positivamente a la próxima fase previa, puesto que nos sentiremos motivados para seguir avanzando. Tal como sostiene B. Zimmerman en relación con contextos educativos, los resultados satisfactorios incrementan el sentimiento de autoeficacia y promueven creencias positivas sobre uno mismo. De esta forma se favorece una mayor focalización en los objetivos de aprendizaje y un incremento del interés genuino por las tareas relacionadas con los mismos[54]. El impulso que nos ofrecen los buenos resultados nos sitúan en una mejor casilla de salida para el nuevo ciclo de aprendizaje. Por el contrario, los malos resultados nos producirán insatisfacción, y con ella tiende a descender el interés por las tareas de aprendizaje.

Las denominadas reacciones satisfacción/insatisfacción que plantea Zimmerman se encuentran muy relacionadas con la llamada motivación intrínseca[55].

• Cuanto mayor interés sentimos por las tareas de aprendizaje por sí mismas, mayor es nuestro nivel de satisfacción.

• Trasladado a nuestro ámbito musical, cuanto más interés genuino demostramos por nuestro instrumento o por el canto y por la actividad musical que realizamos, en mejores condiciones estaremos de experimentar mayor satisfacción personal, por el mero desempeño de este tipo de tareas. Este dato resulta de gran interés, porque a partir de él podemos matizar enormemente el asunto de los resultados.

[54] Schunk, Dale & Zimmerman, Barry. (1997). Social origin of self-regulatory competence. *Educational Psychologist - EDUC PSYCHOL.* 32. 195-208.

[55] Zimmerman, B. J. (2000). Attaining self-regulation: A social cognitive perspective. In M. Boekaerts, P. R. Pintrich, & M. Zeidner (Eds.), *Handbook of self-regulation* (pp. 13-39). San Diego, CA, US: Academic Press

* La motivación intrínseca unida a una actitud constructiva relacionada con nuestro aprendizaje musical, contribuye a realizar una mejor
lectura de los "malos" resultados.

Reacciones adaptativas y defensivas

Los resultados que obtenemos llevan de la mano las llamadas reacciones
adaptativas. Mediante este tipo de reacciones saludables, tras una experiencia de aprendizaje, una actuación o un examen, modificamos o
adaptamos todo aquello que no nos ha ofrecido los resultados esperados (estudio deficiente, falta de consolidación de la memoria, falta de
pases previos ...). El propósito de las reacciones adaptativas consiste en
aumentar nuestra efectividad en relación con los objetivos que nos hemos propuesto. Aprender implica sacar partido de nuestros errores,
ajustando la dirección o proponiendo nuevos caminos.

Las reacciones defensivas, por el contrario, se producen cuando te-
memos que un mal rendimiento ponga en riesgo nuestra propia imagen. El afán por protegernos puede conducirnos a utilizar mecanismos
de defensa, que incluyen la evitación de actividades, como por ejemplo,
no presentarnos a una prueba de orquesta estando realmente preparados, o dejar de participar en cualquier tipo de actuación en público.

Si desarrollas la capacidad de reflexionar de forma constructiva sobre
tus resultados, estarás influenciando positivamente sobre tus emociones
y tu motivación. No somos robots, sino personas sensibles a las que nos
gusta hacer música y cuyo estado de ánimo depende en gran medida de
cómo evaluamos nuestras circunstancias. Admiro las valoraciones que
realizan algunos de mis alumnos en el contexto de grado superior, especialmente aquellos que ya se encuentran en los últimos cursos. En ellos
se aprecia un incremento en su nivel de madurez, fruto de las numerosas
experiencias de actuaciones en público que van acumulando. Son capaces de contemplar estas situaciones desde diversos ángulos, con una creciente objetividad y con un ánimo constructivo. Un aparente fracaso,
como por ejemplo no haber pasado las pruebas para entrar en una orquesta joven, no les lleva a evaluaciones derrotistas, sino que supone
motivo de sana reflexión y análisis. Son capaces de reconocer con ecuanimidad sus fortalezas y sus debilidades, sus progresos en relación con

otras experiencias previas, pero también aquellos aspectos que deberían haber ido mejor. En ocasiones, estas situaciones también representan un inesperada oportunidad para revisar su nivel de aspiraciones y ajustarlo con naturalidad a sus verdaderas posibilidades. Cuando son capaces de plantearlo así, la rueda de mejora sigue su curso, realizan los ajustes pertinentes en su preparación y disposición personal, y su crecimiento como músicos y personas resulta muy favorable.

Los resultados obtenidos producen reacciones de distinta naturaleza. La motivación intrínseca favorece reacciones más adaptativas y orientadas a la mejora.

4. El momento de la reflexión

"La experiencia es algo que no consigues hasta justo después de necesitarla".
Laurence Olivier (1907-1989). Actor y director.

En ocasiones, las conclusiones de una determinada experiencia son evidentes por sí mismas y no necesitan de mayor indagación. Si por ejemplo, acabo de hacer una audición "catastrófica" y prácticamente no me la he preparado, no necesito darle muchas vueltas al tema. La conclusión que se deriva de ello para la próxima audición es clara: ¡ponte la pilas y no esperes milagros! Sin embargo, en otras ocasiones resultará conveniente plantearse el reto de averiguar qué ha pasado y por qué. El músico cada vez menos dependiente de su profesor, no se conforma con que le resuelvan siempre los problemas, sino que mantiene abiertos sus canales de observación y reflexión, y los refina con nuevas experiencias musicales.

Según los expertos, nuestra manera habitual de pensar suele ser automática y se encuentra diseñada para admitir toda la información que le llegue sin mayor comprobación. Es en el fondo una cuestión de economía de recursos cognitivos y de comodidad. Un estudiante que se ha presentado a varias pruebas de orquesta sin éxito, por ejemplo, se limita a pensar que no tiene el nivel, o que siempre se pone nervioso en esas ocasiones. La reflexión que nos interesa en esta fase de reflexión, necesita sin embargo un mayor recorrido. Supone un nivel más elevado de pensamiento que el habitual, lo que implica más rigor y capacidad de análisis.

El psicólogo Daniel Kahneman, premio Nobel de Economía en 2002, interesado especialmente en asuntos referentes a nuestra capacidad de emitir juicios y tomar decisiones, habla precisamente de este asunto en su libro *Pensar rápido. Pensar despacio*[56]. Kahneman propone la utilización de métodos que nos ayuden a pensar mejor, sobre todo en situaciones en la que nos interese tomar mejores decisiones. Si nos dejamos llevar rápidamente por nuestros instintos, tenderemos a caer en múltiples trampas o sesgos cognitivos, que nos dificultarán avanzar en el próximo ciclo de aprendizaje. No advertiremos conexiones que nos pasan desapercibidas, que explican el porqué de nuestro rendimiento actual y que pueden resultar clave para mejorar en los próximos intentos. O, como acabamos de ver en el apartado anterior, tenderemos a repetir patrones explicativos de las cusas de nuestros resultados, que harán disminuir nuestra motivación y expectativas.

No obstante, a la hora de reflexionar sobre tus resultados es importante que encuentres un equilibrio. Hay estudiantes que nunca se toman un momento para revisar cómo han ido las cosas. Después del es-

---

[56] Kahneman, D. (2015). *Pensar rápido. Pensar despacio*. Debate

tudio o de una clase mantienen la actitud más cómoda, que consiste en seguir adelante confiando en que las cosas mejorarán por si solas. En ocasiones se trata simplemente de desconocimiento, otras veces de pereza. Sin embargo, tampoco te aconsejo que te martirices obsesivamente, dándole mil vueltas a tu última audición con el propósito de encontrar la solución a todos tus problemas.

Ejercitar el análisis y la reflexión

"La educación es aprender lo que ni si quiera sabías que no sabías."
Daniel J. Boorstin (1914-2004). Historiador.

A continuación dispones de una serie de propuestas que puedes tener presente en la tarea de sacar más partido a tus esfuerzos musicales. Cuando analizamos una experiencia musical pasada (sesión de estudio, prueba, audición ...) consideramos lo que ha sucedido (sus componentes) y por qué ha sucedido. Si desarrollas el hábito de reflexionar sobre aquellos aspectos que quieras mejorar, conseguirás integrar muchas vivencias de forma productiva.

• Evalúa los resultados de tu sesión de estudio, una clase, una audición, una prueba ... Trata de ser objetivo en esta tarea. Si dispones de elementos como una grabación de audio o vídeo, observa con ecuanimidad cómo ha sido tu ejecución.

• Compara tu ejecución con el criterio de calidad que tengas establecido, con aquello que realmente quisieras conseguir y ten en consideración el momento del proceso de aprendizaje en el que te encuentres. Compara también tu ejecución con otras situaciones previas.

• Desarrolla la capacidad de ser consciente de tus pensamientos y de tus emociones. Habitúate también a recordar aspectos de interés en relación con tus experiencias musicales.

• Describe lo que ha sucedido a partir de tus observaciones: hoy estaba muy disperso durante el estudio, solo me he concentrado a ratos...

• Identifica qué aspectos pueden estar relacionados con la experiencia concreta que estás analizando: me costaba mucho concentrarme (hoy no me he fijado objetivos, he permanecido mucho tiempo sin hacer pausas, ayer me fui de fiesta, no había comido, estoy desmotivado...).

- Edward de Bono, reconocido especialista en cuestiones relacionadas con la creatividad y el pensamiento, considera que los buenos pensadores poseen la destreza de flexibilizar su enfoque. En ocasiones se centran meticulosamente en los detalles, pero van después a lo general, pasan de lo específico a lo amplio y luego vuelven a lo inicial[57]. Cuando reflexiones sobre un aspecto, trata de mover tus pensamientos de esta forma. Reúne información detallada, pero incluye también categorías más amplias. Por ejemplo, después de una sesión de estudio en la que has acabado con molestias en la espalda puedes recordar detalles concretos: cómo estabas sentado, cómo tenías colocada la cabeza, la calidad de la silla sobre la que estabas... Pero también te conviene revisar tu actitud corporal general o tu estado de ánimo y preguntarte, si se ello se encuentra relacionado con tus molestias en la espalda.

- Revisa los procedimientos que has utilizado para resolver un pasaje concreto, abordar cualquier aspecto, preparar una actuación... Necesitarás atender a los tres componentes esenciales en los que hemos insistido.

  - Cómo eran tus procesos de pensamiento: si tenías claro lo que pretendías, si te lo podías representar mentalmente, si has pensado en cómo conseguirlo...

  - Cuál era tu estado de ánimo predominante: si tus emociones favorecían el estudio o la actividad musical, si te era factible modularlas...

  - Qué pasos concretos has dado: por dónde has empezado, qué has hecho cuando ha aparecido alguna dificultad, cuánto tiempo y dedicación has empleado para cada aspecto ...

- Busca posibles relaciones entre tus pensamientos, tus emociones y tu conducta. La interrelación entre estos componentes suele pasar inadvertida, pero en ella se encuentra la explicación de gran parte de nuestro funcionamiento musical.

- Considera el lado positivo de los obstáculos que se presentan en cualquier proceso de aprendizaje. La mentalidad lo es todo, y lo cierto es que aunque por lo general no lo vemos así, las dificultades son fuente natural de generación de recursos. Cambiar el chip, des-

---

[57] De Bono, E. (1999). *Aprende a pensar por ti mismo.* Paidós Ibérica.

dramatizar y estar siempre dispuestos a esforzarnos, supone una gran ventaja.

- Olvídate en la medida de lo posible de tu imagen, e interésate al máximo por todo aquello que te apasiona y se encuentra en tu mano mejorar. Cuanto más nos centramos en ello, mejores recursos activamos en nuestro interior.

- Piensa en todo aquello que consideres que has aprendido de esta experiencia. Interésate por los matices que se esconden detrás de lo más obvio. ¿Qué pequeños descubrimientos se han dado? ¿Qué aportaciones crees que has hecho? ¿Qué ha cambiado en relación con otras ocasiones?

- A partir de tus experiencias, establece posibles ajustes en relación con las fases de aprendizaje que se van a volver a dar.

  - Fase previa o de planificación: ajustar mejor los objetivos, mejoras relacionadas con la planificación, mejor ponderación del tiempo dedicado a las tareas relacionadas con el estudio, mejor regulación de tu nivel de activación, mejorar tu disposición mental y corporal previa ....

  - Fase de realización: estar más atento a tus sensaciones corporales, ser más consciente de tus procesos de pensamiento, ser más exigente en la percepción de lo que produces sonoramente, encontrar un control más fluido de tu ejecución, modificar el tamaño de los fragmentos que trabajas, la forma de abordar las dificultades ...

- Plantea posibles soluciones o líneas de actuación para tus próximos intentos. El análisis que hayas realizado te ayudará mucho a buscar nuevas opciones.

- Evidentemente habrá cuestiones para las que no tengas una solución en ese momento. En ese caso, mantén abiertas las ventanas en tu mente. Plantea la cuestión y deja que tu interior siga trabajando a nivel inconsciente.

- Establece constantemente vínculos entre las experiencias musicales que hayas tenido, las actuales y las que están por llegar.

- Ten en cuenta el contexto en el que tiene lugar tu desarrollo musical. Mantente activo generando o eligiendo situaciones y personas que propicien el esfuerzo, el cuidado por la calidad, el amor por la música, el respeto por la diversidad y en definitiva tu crecimiento como artista y como persona.

IDEA OPERATIVA 9-3

La reflexión y el análisis representan una auténtica fuente de mejora, puesto que nos ofrecen la posibilidad de revisar las experiencias y extraer nuevas directrices para el aprendizaje.

▶ No te precipites sacando conclusiones después de una audición, una prueba o cualquier experiencia similar.

▶ Desarrolla tu lado más analítico con el fin de llegar al fondo de las cuestiones y dar con aquello que representa una diferencia significativa en tu mejora musical.

Breve epílogo

"Cesó entonces de desear ser otro.
Y, satisfecho de sí mismo, solo deseó ser mejor."
Leon Tolstoi (1828-1910). Escritor.

Queda mucho por andar, pero llega el momento de hacer una pausa y de pasarte el testigo con la esperanza de que te animes a introducir mejoras en tu recorrido por la música. Mi primer consejo al respecto sería que no trates de incorporar toda la información que aquí aparece a la vez. Tómate un tiempo para reconocerte en alguno de los pasajes del libro e intuir qué te parece interesante abordar. Tómate un tiempo para conocerte mejor y conectar con las energías que todos poseemos y que tienen que ver con mejorar.

Mejorar con el instrumento o con la voz implica introducir ajustes e incentivos que nos lleven a optimizar cuestiones como el sonido, la afinación o la expresión. Sin embargo, si en tu empeño por lograrlo no tienes en cuenta el destinatario final de tu trabajo diario, es decir, el público, te puedes quedar corto. Las mejoras que pretendes realizar necesitan tender puentes entre la práctica en la cabina de estudio y la actuación encima de un escenario.

El gran pianista Misha Dichter decía que estudiaba continuamente una obra como si estuviera actuando, recreando de la forma más fiable que podía en su habitación, los impulsos mentales que iban a estar presentes en sus actuaciones[58]. De esta forma ejercitaba e integraba en su estudio, aquellos elementos que le permitían gestionar mejor la situación de concierto. La conclusión que se deriva de esta experiencia es que cualquier mejora técnica o interpretativa que nos ocupe, conviene contemplarla desde la perspectiva de la actuación. El trabajo encaminado a liberar el brazo del arco con el fin de obtener un mejor sonido, por ejemplo, debería incluir un plus de transferencia: ser capaces de liberar el brazo y los hombros en las audiciones, pruebas o conciertos. Plantea tu actividad musical con naturalidad. Piensa en tu labor como comunicador, como intérprete. Piensa en aquello que quieres transmitir y empléate a fondo en aportar la mayor calidad posible a tu trabajo.

Finalmente me gustaría insistir en una cosa. Aprovecha tu recorrido musical para desarrollarte como músico y como persona. Querer mejorar con tu instrumento o con la voz te da la posibilidad de ir muy adentro en ti mismo y recolocar valores personales, actitudes, prioridades. La motivación resulta fundamental, porque marca una dirección y se convierte en fuente de recursos. Pero el compromiso con tus valores también. Recobra una y otra vez tu amor por la música, y mantén perennemente en ella tu mirada.

IDEA OPERATIVA 9-4

Si tienes presente durante el estudio que tu tarea no consiste solo en tocar o cantar bien, sino además en hacerlo de forma satisfactoria en un concierto, en una prueba o en un examen, le darás mayor sentido a tu práctica y encontrarás mayor incentivo en producir mejoras.

▪ Por lo menos una vez al día, ejecuta un par de frases de algo que hayas trabajado, pensando en interpretárselo a alguien.

▪ Piensa que eres un narrador que cuida cómo cuenta sus historias, y que genera en su auditorio interés por lo que en ellas sucede.

---

[58] Noyle, Linda. 1987. *Pianists on Playing: Interviews with Twelve Concert Pianists.* New York: Scarecrow Press.

RESUMEN DEL CAPÍTULO 9

■ La autoevaluación de los resultados en diversas manifestaciones de la actividad musical (sesión de estudio, curso académico, clases, actuaciones ...) nos da la posibilidad de analizar y reflexionar sobre la eficacia de los procedimientos utilizados.

■ Para llevar a cabo una autoevaluación productiva necesitamos información objetiva, ya sea a través de la memoria (consciencia) o ayudados por medios como anotaciones o grabaciones.

■ Las explicaciones que damos de las causas de los resultados musicales, resultan en ocasiones más decisivas que los propios resultados.

■ La motivación intrínseca contribuye a manejar mejor los resultados adversos.

■ Una visión constructiva del proceso de aprendizaje incluye desarrollar una actitud centrada en las soluciones y en la mejora continua, lo que implica analizar las experiencias y aprender de los errores.

ESTRATEGIAS DE MEJORA

EM 9.1 - VISIÓN GLOBAL DE LAS MEJORAS

Después de un tiempo trabajando una obra (tras una clase, un pase, etc.) puedes analizar cómo ha sido tu rendimiento por apartados y plasmar a partir de ahí las mejoras que quieras obtener en el futuro.

• El organizador gráfico que aparece abajo a modo de ejemplo, contribuye a disponer de una visión global de los componentes que consideres importantes en tu trabajo. En ocasiones nos centramos solo en unos cuantos aspectos y descuidamos otros que también merecen nuestra atención.

- Utiliza las recomendaciones que hemos visto en el capítulo destinadas a facilitar la revisión y análisis de tu rendimiento con una obra concreta.

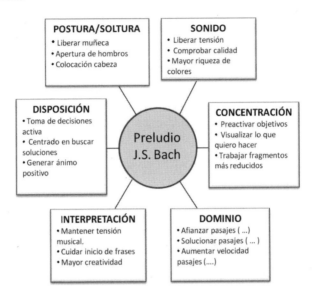

Utiliza la plantilla de abajo para incorporar los componentes o apartados que consideres de interés para ti. Anota a continuación las mejoras que consideres oportunas por apartados. Cuanto más preciso seas, mejor podrás abordar tu trabajo y evaluar posteriormente tus mejoras.

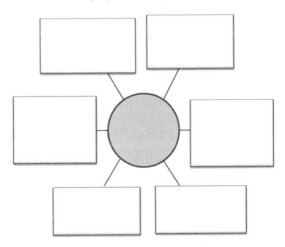

EM 9.2 - ESCALERA METACOGNITIVA

Una buena forma de ejercitar la metacognición (consciencia de nuestros propios procesos de pensamiento) en relación con las tareas musicales, la encontramos en el organizador gráfico de la escalera metacognitiva que vimos en el capítulo 2. Uno de los objetivos con esta práctica consiste en plantear mejoras a partir de tus experiencias.

* Las preguntas que tienes en la tabla de abajo están basadas en la propuesta de Swartz y Costa, y nos ayudan a subir los peldaños de la escalera, antes, durante y después de realizar una tarea concreta[59].

4	Planificar e introducir mejoras para la próxima vez.	¿De qué forma plantearía el estudio de este tipo de dificultad la próxima vez? ¿Qué me interesaría tener más en cuenta? ¿En qué otras situaciones podría emplear este planteamiento?
3	Evaluar la eficacia de nuestra manera de pensar y actuar.	¿Cómo ha funcionado la forma de trabajar que he llevado a cabo? ¿Qué modificaciones en mi estrategia he realizado sobre la marcha? ¿Por qué? ¿En qué otras situaciones me ha funcionado antes esta forma de trabajar?
2	Describir y analizar cómo estamos llevando a cabo la tarea	**Antes:** ¿Cómo planteo esta tarea? ¿Cómo la voy a realizar? ¿Cómo voy a resolver esta dificultad? **Durante:** ¿En qué punto me encuentro en relación con lo que estoy estudiando ahora? ¿Me estoy planteando posibles maneras de realizar esta tarea? ¿Me estoy cuestionando cómo estoy trabajando este pasaje? **Después:** ¿Estoy reflexionando sobre cómo he planteado el estudio/el pasaje ....? ¿Qué me ha llevado a trabajarlo así?
1	Tomar consciencia de lo que estamos pensando o haciendo	¿Qué estaba pensando antes de realizar esta tarea? ¿Qué estaba pensando cuando estaba realizando esta tarea? ¿Dónde tenía puesta mi atención?

[59] Swartz,R., Costa, A., Beyer, B., Reagan, R., y Kallick, B. (2015) *El aprendizaje basado en el pensamiento. Cómo desarrollar en los alumnos las competencias del siglo XXI.* SM Ediciones.

- Emplea la plantilla que viene a continuación cuando trabajes una obra o un pasaje. A partir de las preguntas guía anteriores, puedes escribir en los espacios en blanco de la plantilla de abajo tus respuestas. De esta forma verás reflejado por escrito tus procesos de pensamiento y acción. Con el tiempo interiorizarás el procedimiento y te resultará muy natural llevarlo a cabo.

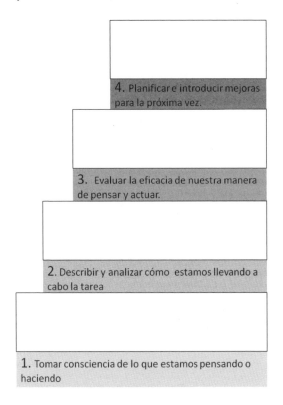

4. Planificar e introducir mejoras para la próxima vez.

3. Evaluar la eficacia de nuestra manera de pensar y actuar.

2. Describir y analizar cómo estamos llevando a cabo la tarea

1. Tomar consciencia de lo que estamos pensando o haciendo

BIBLIOGRAFÍA

Aberkane, I (2017). *Libera tu cerebro*. Planeta.

Baltes, P. B. (2003). Extending longevity: Dignity gain - or dignity drain? *Max Planck Research*, (3), 14-19.

Bandura, A. (1991). Self-regulation of motivation through anticipatory and self-reactive mechanisms. In R. A. Dienstbier (Ed.), *Perspectives on motivation: Nebraska symposium on motivation* (Vol. 38, pp. 69–164). Lincoln: University of Nebraska Press.

Bandura, A. (1999). *Auto- Eficacia: cómo afrontamos los cambios de la sociedad actual*. (J. Aldekoa, Trad.) Bilbao: Desclée de Brouwer.

Bruser, M. (1997). *The art of practicing*. Three Rivers Press.

Conable, B. (2012). *Lo que todo músico tiene que saber sobre el cuerpo*. Laertes.

Cyrulnik ,B. (2000). *"La maravilla del dolor"*. Granica. Ensayo.

Cyrulnik ,B. (2009). *Los patitos feos. La resiliencia: Una infancia infeliz no determina la vida*. Gedisa.

De Alcantara, P. (1997). *Indirect Procedures: A Musician's Guide to the Alexander Technique*. Oxford University Press.

De Bono, E. (1999). *Aprende a pensar por ti mismo*. Paidós Ibérica.

Dehaene, S. (2012). *Les grands principes de l´ apprentissage*. Conferencia en el Collège de France.

Dweck, C. S. (1999). *Self-theories: Their role in motivation, personality and development.* Philadelphia: Psychology Press.

Ericsson, K.A., Krampe, R.T., y Tesch-Römer, C. (1993). The role of deliberate practice in the adcquisition of expert performance. *Psychological Review*, 100(3), 363–406.

Gallwey, W. T. (2010). *El juego interior del tenis.* Sirio.

García Martínez, R. (2010). *"Evaluación de las estrategias metacognitivas en el aprendizaje de contenidos musicales y su relación con el rendimiento académico musical".* Tesis doctoral. Universidad de Valencia Ediciones.

García Martínez, R. (2011). *Optimiza tu Actividad Musical. La Técnica Alexander en la Música.* Impromptu Editores.

García Martínez, R. (2013). *Técnica Alexander para Músicos.* Redbook ediciones.

García Martínez, R. (2014). Metacognición y aprendizaje musical: El valor de la reflexión. *Música y Educación.* Vol. 27, 3 (octubre 2014). Núm. 99, Págs. 12-18.

García Martínez, R. (2015). *Cómo preparar con éxito un concierto o audición. Técnicas básicas para dominar el escenario.* Redbook Ediciones.

García Martínez, R. (2017). *Entrenamiento mental para músicos. Técnicas de estudio mental y visualización para potenciar el rendimiento interpretativo.* Redbook Ediciones.

Gollwitzer, P. M. & Oettingen, G. (2012). Goal pursuit. In R. M. Ryan (Ed.), *The Oxford handbook of human motivation* (pp. 208-231). New York: Oxford University Press.

Gruson, L. (1988). "Rehearsal Skill and Musical Competence: Does Practice Make Perfect?" in *Generative Processes in Music: The Psychology of Performance, Improvisation, and Composition*, edited by John A. Sloboda (New York: Oxford University Press, 1988), 106–107.

Hallam, S. (1995a). Professional musicians' approaches to the learning and interpretation of music. *Psychology of Music*, 23 (2), 111–128.

Hallam, S. (1995b). Professional musicians' orientations to practice: Implications for teaching. *British Journal of Music Education*, 12(1), 3–19.

Hallam, S. (2001). "The Development of Metacognition in Musicians: Implications for Education." *British Journal of Music Education* 4, no. 1: 27–39.

Herrigel, E. (1996). *Zen en el arte del tiro con arco*. Kier.

Hoppenot, D. (2002). *El violín interior*. Real Musical.

Jackson, S. A. y Csikszentmihalyi, M. (2001). *Fluir en el deporte. Claves para las experiencias y actuaciones óptimas*. Paidotribo.

Kahneman, D. (2015). *Pensar rápido. Pensar despacio*. Debate.

Mantel, G. (2001). *Einfach üben: 185 unübliche Übe-Rezepte für Instrumentalisten*. Schott Music.

Mateo, A. (2009). Sabia y libre. Entrevista a Mitsuko Uchida. *Revista Scherzo*. Núm. 246, pp. 60-63.

Mayer, J. D., Salovey, P., & Caruso, D. R. (2004). Emotional intelligence: Theory, findings, and implications. *Psychological Inquiry*, 15, 197-215.

Mayer, J.D. & Salovey, P. (1997). What is emotional intelligence? In P. Salovey & D. Sluyter (Eds). *Emotional Development and Emotional Intelligence: Implications for Educators* (p. 3-31) Nueva York: Basic Books.

McCormick, John & McPherson, Gary. (2003). The Role of Self-Efficacy in a Musical Performance Examination: An Exploratory Structural Equation Analysis. Psychology of Music - PSYCHOL MUSIC. 31. 37-51.

McGonigal, K. (2012). *Autocontrol. Cómo funciona la voluntad, por qué es tan importante y qué podemos hacer para mejorarla*. Editorial Urano.

McPherson, Gary & Zimmerman, Barry. (2011). "Self-Regulation of Musical Learning: A social cognitive perspective on developing performance skills". In *MENC Handbook on research on Music Learning,* vol. 2: *Applications,*130-175. New York: Oxford University Press.

McWilliam, F. (2011). *Blow your own horn! Horn heresies.* Mosaic Press.

Meichenbaum, D. (1987). *Manual de Inoculación de estrés.* Martínez Roca.

Neuhaus, H. (1987). *El arte del piano.* Real Musical.

Noyle, Linda. 1987. *Pianists on Playing: Interviews with Twelve Concert Pianists.* New York: Scarecrow Press.

Paivio, A. (1991). *Images in Mind: The Evolution of a Theory.* New York: Harverster-Wheasheaf.

Parks-Stamm, E. J. & Gollwitzer, P. M. (2009). Goal implementation: The benefits and cost of IF-THEN planning. In H. Grant & G. B. Moskowitz (Eds.), *The big book of goals* (pp. 362 - 391). New York: Guilford.

Peterson, Jordan B. (2018). *12 Rules for Life: An Antidote to Chaos.* Penguin Random House.

Pintrich, P.R. y De Groot, E.V. (1990) Motivational and self-regulated learning components of classroom performance. *Journal of educational psychology,* 82, 33-40.

Pintrich, P.R. y Schunk, D.H. (2006). *Motivación en contextos educativos.* Pearson.

Ritchhart, R., Church, M., y Morrison, K. (2014) *Hacer visible el pensamiento. Cómo promover el compromiso, la comprensión y la autonomía de los estudiantes.* Editorial Paidós.

Rojas-Marcos, L. (2010). *Superar la adversidad. El poder de la resiliencia.* Espasa.

Rosenthal R. y Jacobson L.«(1968). Teacher Expectation for the Disadvantaged», *Scientific American,* v. 218, n° 4, p. 19-23.

Rosenthal R. y Jacobson L.«(1980). *Pygmalion en la escuela. Expectativas del maestro y desarrollo intelectual del alumno.* Editorial Marova.

Sacks, O. (2015) *"Musicofilia: Relatos de la música y el cerebro"*. Anagrama.

Schunk, Dale & Zimmerman, Barry. (1997). Social origin of self-regulatory competence. Educational Psychologist - EDUC PSYCHOL. 32. 195-208.

Swartz,R., Costa & Kallick, B (2008). *Learning and leading with habits in mind.* Asociation for Supervision and Curriculum Development. ASCD Alexandria, Virginia USA.

Swartz,R., Costa, A., Beyer, B., Reagan, R., y Kallick, B. (2015) *El aprendizaje basado en el pensamiento. Cómo desarrollar en los alumnos las competencias del siglo XXI.* SM Ediciones.

Weiner, B (1985). «An attributional theory of achievement motivation and emotion». *Psychological Review* 92 (4): 548-573.

Weiner, B. (1992). *Human Motivation: Metaphors, Theories, and Research.* Sage Publications.

Williamon, A., Valentine, E., & Valentine, J. (2002). Shifting the focus of attention between levels of musical structure. *European Journal of Cognitive Psychology,* 14, 493-520.

Williamon, A., y Valentine, E. (2000). Quantity and quality of musical practice as predictors of performance quality. *British Journal of Psychology,* 91(3), 353– 376.

Wooden, J. (2010). *The Wisdom of Wooden.* NewYork, McGraw-Hill Education.

Zatorre, Robert, L Chen, Joyce & Penhune, Virginia. (2007). When the brain plays music: Auditory-motor interactions in music perception and production. *Nature reviews. Neuroscience.* 8. 547-58.

Zimmerman, B. J. (2000). Attaining self-regulation: A social cognitive perspective. In M. Boekaerts, P. R. Pintrich, & M. Zeidner (Eds.), *Handbook of self-regulation* (pp. 13-39). San Diego, CA, US: Academic Press.

Zimmerman, B.J., & Schunk, D.H. (Eds.). (2001). *Selfregulated learning and academic achievement: Theoretical perspectives* (2nd ed.). Mahwah, NJ: Erlbaum.

AGRADECIMIENTOS

Como en otras ocasiones son muchas las personas a las que quiero agradecer su colaboración y ayuda.

En primer lugar, muchas gracias a Mª Paz, mi mujer, y a mi hija Irene, por vuestra comprensión y por haber hecho posible como siempre, un trabajo tan exigente como éste.

Muchas gracias a Redbook Ediciones, y muy en especial a Martí Pallàs por confiar de nuevo en mis proyectos y por su cuidado trabajo.

Tengo muy presente a mis alumnos del Conservatorio Superior de Música de Aragón, que han sido fuente de inspiración para este libro, y que curso a curso incentivan mis ganas de seguir avanzando y mejorando en mi faceta pedagógica. En particular, unas gracias muy especiales a Isabel Adán, Irene Ansó, Daniel Benabarre, Kenia Bueicheku, Mario Calavia, Aína Font, Francisco Izquierdo, Pablo Mena y Sandro Rodrigues, por su amabilidad al prestar su imagen para las ilustraciones.

Muchas gracias también a los alumnos de la asignatura "Preparación Psicológica para las Actuaciones" que impartí en el Conservatorio Superior de Música de Navarra, por su interés y sus aportaciones, y en su nombre al profesor Juan Mari Ruiz por su excelente organización y disposición.

Muchas gracias a la figura de extraordinario violinista y profesor Nicolás Chumachenco, por su trayectoria, sus valiosas enseñanzas, y por la aleccionadora anécdota e imagen que figuran en el capítulo 2.

Muchas gracias a los extraordinarios solistas, Juan Pérez Floristán, Juan Fernando Moreno Gistaín, Noelia Rodiles y Josu de Solaun, por sus inestimables aportaciones que dan especial vida y sentido a los contenidos del libro.

Muchas gracias a mi hermano Jesús, por su aportación en relación con la metodología Suzuki, y enhorabuena a ti y a Concha por vuestro fructífero trabajo pedagógico.

Muchas gracias como siempre a mi hermana Maite y a mi cuñado Sergio, por la revisión de los textos y por todas vuestras acertadas contribuciones.

Muchas gracias a la extraordinaria solista de trompa María Rubio, por la referencia que me condujo a la obra de Fergus McWilliam.

Muchas gracias a José Luis Melendo, bibliotecario del Conservatorio Superior de Música de Aragón por todas sus facilidades.

Finalmente, unas gracias muy especiales a mis padres, Jesús y Concepción.

Por el mismo autor:

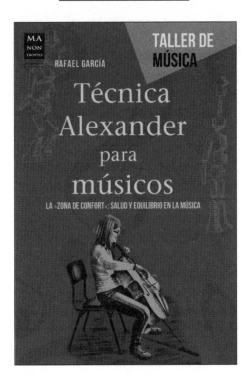

El cuerpo humano desempeña un papel determinante para que el músico pueda desempeñar su trabajo con total libertad. Los hábitos posturales son responsables en gran medida del bienestar a la hora de interpretar una partitura. Este libro centra su atención en la técnica Alexander de cara a mejorar y cuidar el funcionamiento corporal y también como propuesta para sugerir un cambio en la mentalidad del músico.

• Cómo hacer música respetando el movimiento natural del cuerpo.

• Beneficios de hacer música en la «zona de confort».

• Trabajar desde el pensamiento.

• La postura en los diferentes instrumentos.

• Condicionantes que impiden una postura sana y dinámica.

RAFAEL GARCÍA

Cómo preparar con éxito un concierto o audición

TÉCNICAS BÁSICAS PARA DOMINAR EL ESCENARIO

¿Cuál es la diferencia entre un buen concierto y una actuación rutinaria? La elección de un repertorio adecuado es importante, por supuesto, pero no lo es menos saber traspasar la información de una partitura al espectador.

El libro de Rafael García nos habla sobre el estudio efectivo y sobre la manera adecuada de preparar una actuación musical. Y lo hace no únicamente desde el aspecto técnico sino que también lo realiza desde la perspectiva de la preparación mental, cuestiones ambas fundamentales para alcanzar un gran rendimiento sobre el escenario.

- Creencias sanas y emociones positivas.
- Cómo hacer fluir la música.
- Combatir la ansiedad escénica.
- Pensar mejor para actuar mejor.
- Interpretar con movimientos libres.

TALLER DE MÚSICA

RAFAEL GARCÍA

Entrenamiento mental para músicos

Técnicas de estudio mental y visualización
para potenciar el rendimiento interpretativo

Este libro ofrece las claves de un tipo de práctica mental que puede ayudarte enormemente en cualquier tarea profesional, pero especialmente en aquellas relacionadas con la interpretación musical. Se trata de un set de herramientas psicológicas que ha demostrado una enorme eficacia en la mejora del rendimiento de actividades motrices como el deporte, el teatro o la danza. Esta práctica consiste en dejar por un momento tu instrumento musical y realizar un viaje interior en el que ejercitas desde el pensamiento aquellas habilidades que más necesitas. Además de desarrollar tus destrezas musicales, mediante el entrenamiento mental puedes también incentivar tu capacidad creativa y potenciar con eficacia los recursos que te impulsen a llegar al máximo a tu audiencia.

- Aplicaciones del entrenamiento mental.
- Imaginar el sonido.
- Cómo conectar con las emociones al experimentar el fragmento de una obra.
- Cómo operar mentalmente sobre las diversas cualidades del sonido: afinación, tempo, duración, etc.
- Visualizar elementos y gestos de la técnica.

Todos los títulos de la colección *Taller de:*

Taller de música:
Cómo leer música - Harry y Michael Baxter
Lo esencial del lenguaje musical - Daniel Berrueta y Laura Miranda
Apps para músicos – Jame Day
Entrenamiento mental para músicos – Rafael García
Técnica Alexander para músicos – Rafael García
Cómo preparar con éxito un concierto o audición – Rafael García
Técnicas maestras de piano - Steward Gordon
El Lenguaje musical - Josep Jofré i Fradera
Home Studio - cómo grabar tu propia música y vídeo – David Little
Cómo componer canciones – David Little
Cómo ganarse la vida con la música – David Little
El Aprendizaje de los instrumentos de viento madera – Juan Mari Ruiz
Cómo potenciar la inteligencia de los niños con la música – Joan María Martí
Cómo desarrollar el oído musical – Joan María Martí
Ser músico y disfrutar de la vida – Joan María Martí
Aprendizaje musical para niños - Joan María Martí
Aprende a improvisar al piano - Agustín Manuel Martínez
Mejore su técnica de piano – John Meffen
Musicoterapia - Gabriel Pereyra
Cómo vivir sin dolor si eres músico – Ana Velázquez
Guía práctica para cantar en un coro – Isabel Villagar
Guía práctica para cantar – Isabel Villagar

Taller de teatro:
La Expresión corporal - Jacques Choque
La Práctica de los monólogos cómicos – Gabriel Córdoba
El arte de los monólogos cómicos – Gabriel Córdoba
Guía práctica de ilusionismo – Hausson
Cómo montar un espectáculo teatral – Miguel Casamajor y Mercè Sarrias
Manual del actor – Andrés Vicente

Taller de teatro/música:
El Miedo escénico – Anna Cester

Taller de cine:
Producción de cine digital – Arnau Quiles y Isidre Montreal

Taller de comunicación:
Hazlo con tu Smartphone – Gabriel Jaraba
Periodismo en internet – Gabriel Jaraba
Youtuber – Gabriel Jaraba

Taller de escritura:
Cómo escribir el guion que necesitas – Miguel Casamajor y Mercè Sarrias
El Escritor sin fronteras – Mariano Vázquez Alonso
La Novela corta y el relato breve – Mariano Vázquez Alonso